KARIN IDEN

mini

Minimaler Aufwand an Zeit, Geld und Stress

max

Maximaler Abnehm-Erfolg

diät

Inhalt

SEITE

4–5 **Mini-Max:** mit Spartarif zum Wohlfühlgewicht

6–7 **Minimaler Aufwand für maximales Wohlbefinden**

8–9 **So klappt's ganz einfach mit dem Wohlfühlgewicht**

10–11 **Vielseitig essen Tag für Tag**
7 Merksätze zum Essen mit Maß

12–13 **Mit grün, gelb, rot zu Five-a-day**
7 Merksätze: Five-a-day und Ampelessen

14–15 **So trinken Sie sich schlank**
7 Merksätze zum richtigen Trinken

16–17 **Haltbare Lebensmittel für die nächsten drei Wochen:** Vorratsliste

18 **1. Woche** Ich freu' mich drauf – gut gelaunt in die erste Woche

19 **Einkaufsliste** für die erste Woche

20–33 **7 Tage** mit Frühstück, Snack, Mittagessen, Snack, Abendessen

34–35 **Schlankes Kochen** für Wespentaillen

36 **2. Woche** Freuen Sie sich über Ihre Erfolge – jetzt geht's ran an die Fettdepots!

37 **Einkaufsliste** für die zweite Woche

38–51 **7 Tage** mit Frühstück, Snack, Mittagessen, Snack, Abendessen

52–53 **Einkaufstipps** für Sparfüchse

54 **3. Woche** Auf zum Endspurt – Abnehmen macht Spaß!

55 **Einkaufsliste** für die dritte Woche

56–69 **7 Tage** mit Frühstück, Snack, Mittagessen, Snack, Abendessen

70–71 **Krisenmanagement** für Naschkatzen
Süße und herzhafte Naschereien, alkoholische und alkoholfreie Getränke auf einen Blick

72–73 **Fit und schlank:** mit dem Mini-Max-Workout – Profitipps für täglich 10 Minuten Training

74–75 **Übungen nach dem Mini-Max-Prinzip**
Stretching und Übungen für einen straffen Bauch

76–77 **Übungen für Beine, Po und Busen**

78–79 **Tipps und Adressen, Rezeptregister**
80 **Impressum**

Mini-Max: mit Spartarif zum Wohlfühlgewicht

Sparen auf der ganzen Linie – mit kalorienarmen Rezepten, geringen Kosten und minimalem Zeitaufwand erreichen Sie mit der Mini-Max-Diät ganz easy Ihren maximalen Erfolg beim Abnehmen. Denn Abnehmen ohne zu hungern, dabei mit Genuss essen und dem Körper etwas Gutes tun, das gelingt mit der Mini-Max-Diät.
Diese Diät unterstützt Sie dabei, Ihre Ernährung schrittweise umzustellen und langsam, aber nachhaltig abzunehmen. Oberstes Ziel dabei: dauerhafte Gewichtsreduzierung, eine verbesserte Gesundheit und maximales Wohlbefinden.

Minimaler Aufwand für maximales Wohlbefinden

Kalorien sparen

Die Mini-Max-Diät ist auf drei Wochen ausgerichtet und bietet Ihnen fünf Mahlzeiten am Tag: ein Frühstück (200 kcal), ein Mittagessen (500 kcal), ein Abendessen (300 kcal) und zwei Zwischenmahlzeiten (jeweils 100 kcal). Komfortable 1200 Kalorien stehen damit auf Ihrem täglichen Speiseplan. Reicht Ihnen das nicht, können Sie die Diät auf 1500 Kalorien aufstocken.

Ganz wie Sie wollen: täglich 1200 oder 1500 Kalorien

Bei der Mini-Max-Diät knurrt kein Magen. Wer mit 1200 Kalorien nicht satt wird, darf sich 300 Kalorien zusätzlich gönnen. Einen Vorschlag für 100 Kalorien zusätzlich finden Sie jeweils im Anschluss an die Rezepte für das Frühstück, Mittag- und Abendessen. Die Zutaten dafür sind allerdings nicht in den Vorrats- und Einkaufslisten aufgeführt. Wenn Sie vor Beginn der Mini-Max-Diät nicht sicher sind, wie viele Kalorien Sie täglich satt machen, kaufen Sie am Tag vor Diätstart zusätzlich qualitativ gutes Obst ein, wie Äpfel, Birnen und Kiwis, das sich gut lagern lässt.

Unterwegs mit der Mini-Max-Diät

Wer tagsüber arbeitet, kann sich das Abendessen, meist eine kalte Mahlzeit, morgens vorbereiten und mitnehmen.

Für maximalen und nachhaltigen Diäterfolg lieber langsam, aber stetig abnehmen und jedes verlorene Pfund bewusst genießen.

Wer keine Waage besitzt: Diäterfolge an Taille und Hüfte messen.

Dann die warme Mittagsmahlzeit einfach abends nach der Arbeit zubereiten und in Ruhe genießen. Die Zwischenmahlzeiten können Sie selbstverständlich je nach Appetit und Hunger austauschen. Nur bitte keine Mahlzeit ausfallen lassen! Das führt zu Heißhungerattacken und bremst den Diäterfolg.

Schnell und easy

Damit sich die Mini-Max-Diät locker im Alltag durchführen lässt, gelingen die Rezepte besonders schnell und unkompliziert. Und die Zutaten dafür bekommen Sie in der Regel in jedem preisgünstigen Supermarkt. Besonders praktisch: die Vorrats- und Einkaufslisten. Sie finden die Vorratsliste mit den haltbaren Lebensmitteln auf den Seiten 16–17, die Liste der frischen Zutaten für die erste Diätwoche auf Seite 19, für die zweite auf Seite 37 und für die dritte Diätwoche auf Seite 55.

Damit noch was übrig bleibt

Mit günstigen, systematischen Einkäufen sparen Sie im Supermarkt Geld. Das setzt voraus, dass Sie einen Kochplan für eine Woche erstellen und dementsprechend einkaufen. So wird nicht zu viel gekauft, und es landen idealerweise nur saisonale, preiswerte Produkte im Einkaufswagen. Maximal 2,50 Euro kostet eine Hauptmahlzeit der Mini-Max-Diät, etwa 6 Euro der komplette Diättag. Und damit sich Ihr Zeitkonto etwas entspannt, dauert kein Gericht länger als 20 Minuten.

Delegieren Sie die Küchenarbeit

Mit Convenience-Produkten sparen Sie Zeit beim Kochen. Die halbfertigen Produkte, beispielsweise Tiefkühlgemüse, vorgegarten Convenience-Reis, gewaschenen, zerpflückten Salat aus der Frischetheke oder geschälte Kartoffeln und Tütensuppen, gibt es in jedem gut sortierten Supermarkt.

So klappt's ganz einfach mit dem Wohlfühlgewicht

Wohlfühlgewicht ist „in"

Der Weg zur schlanken Linie beginnt mit dem Errechnen Ihres Wohlfühlgewichts. Ob Sie mit Ihrem derzeitigen Gewicht richtig liegen, sagt Ihnen der Body-Mass-Index (BMI). Dafür teilt man das Körpergewicht (kg) durch das Quadrat der Körpergröße (m).
Beispiel: bei einer Größe von 1,64 m und 63 kg errechnet sich der BMI so:

$$\text{BMI} = \frac{63}{1{,}64\ \text{m} \times 1{,}64\ \text{m} (= 2{,}69)} = 23{,}42$$

Hier beträgt der BMI 23,42, das Gewicht liegt also völlig im Normbereich. Bei einem BMI unter 19 oder ab 30 sollten Sie mit Ihrem Hausarzt über das Gewichtsproblem sprechen. Außerdem helfen eine Ernährungsumstellung und gezielte Bewegung, wie Sie Ihnen in der Mini-Max-Diät vorgeschlagen werden.

Realistische Ziele stecken

Eines steht fest: Was Sie sich in Monaten und Jahren angefuttert haben, werden Sie nicht in kurzer Zeit los. Je langsamer Sie abnehmen, umso sicherer halten Sie nach der Diät Ihr neues Gewicht. Realistisch ist, pro Woche 1 Kilo Fettgewebe abzuspecken, wenn täglich nicht mehr als 1200 Kalorien zugeführt werden. Der tatsächliche Verlust liegt etwas höher, weil zu Anfang erst einmal Wasser ausgeschieden wird.
1 Kilo Fettgewebe entspricht 6000 bis 7000 kcal. Wer dies gegenüber der empfohlenen Energiemenge (z. B. 1800/ 1900 kcal für Frauen mit leichter Arbeit) einspart, speckt 1 Kilo Fett ab.

Ab jetzt wird nur noch gesund genascht, mit viel frischem Gemüse und Obst!

Baden statt Naschen: Oft lässt ein luxuriöses Schaumbad Appetitattacken vergessen.

Appetit oder Hunger

Das sind zwei unterschiedliche Dinge. Hunger stellt sich ein, wenn der Blutzucker stark abfällt. Der Magen knurrt, man kann sich schlecht konzentrieren, wird kälteempfindlich und nervös. Appetit kann man leider immer haben – auch unmittelbar nach dem Essen. Deshalb vor Beginn der Mini-Max-Diät Süßigkeiten, Knabberzeug und alle anderen Verlockungen verstecken oder an Freunde verschenken, die keine Gewichtsprobleme haben.

Der richtige Zeitpunkt

Wählen Sie den richtigen Zeitpunkt für die Mini-Max-Diät. In folgenden Situationen lässt sich eine Diät nur schwer durchhalten:

→ Stresssituationen wie Prüfung, Finanzsorgen oder Arbeitsplatzwechsel

→ Feiertage oder Familienfeste

→ emotional angespannte Situationen wie Geburt, Trennung, Verlust eines Angehörigen etc.

Zwischenmahlzeiten sind ein Muss

Ein Hungergefühl zwischen den Hauptmahlzeiten ist normal, darum sind in der Mini-Max-Diät zwei Zwischenmahlzeiten eingeplant. So bleiben Sie leistungsfähig, Heißhunger vor den Hauptmahlzeiten stellt sich erst gar nicht ein.

So kommen Sie zum Ziel

Sie haben sich zur Mini-Max-Diät entschlossen. Jetzt geht es darum, die kommenden drei Wochen mit Lust, guter Laune und Konsequenz zu gestalten. Freuen Sie sich über Ihren Diät-Entschluss und setzen Sie sich nicht zu sehr unter Druck. Lassen Sie ab und an auch mal eine kleine Ausnahme (es muss ja keine Tafel Schokolade sein!) zu.

7 Merksätze zum Essen mit Maß

Wo darf's etwas weniger sein, wo sogar mehr? Führen Sie ein Ernährungstagebuc und vergleichen Sie Ihre Bilanz mit den Empfehlungen der Ernährungsexperten.

1 Getreide und Kartoffeln

Sie bilden die tägliche Basis: Vollkornprodukte, Hartweizennudeln und Kartoffeln enthalten kaum Fett, dafür viele Vitamine, Mineral- und Ballaststoffe.

2 Fit mit Gemüse und Obst

Für optimale Fitness und zum Abnehmen sollten Sie sich an Gemüse und Obst so richtig satt essen. Mindestens fünf Portionen dürfen es täglich sein.

3 Milch und Milchprodukte

Joghurt, Milch, Quark, Käse möglichst fettarm täglich mehrfach genießen. Sie liefern neben lebenswichtigem Eiweiß Vitamine und reichlich Kalzium.

4 Fleisch, Fisch und Eier

300 bis 600 g mageres Fleisch (incl. Wurstwaren), je 80 bis 150 g fettarmen und fettreichen Seefisch und zwei frische Eier pro Woche können Sie essen.

5 Geizen Sie mit Fett

In Maßen sind Fett und Öl lebenswichtig. Ohne sie kann der Körper fettlösliche Vitamine nicht aufschließen. Außerdem sorgen sie für Aroma

6 Zucker und Süßes

Sie sind ab und zu erlaubt. Ein Stückchen Schokolade mit hohem Kakaoanteil oder einige Gummibärchen dü fen es schon mal sein.

7 Reichlich Flüssigkeit

Pro Tag sollten Sie mindestens 2 Lite kalorienfreie Getränke trinken, wie Mineralwasser, Kräuter- oder Frücht tees und stark verdünnte Schorlen.

Gute Kalorien – schlechte Kalorien

Wer kann da schon widerstehen?! Mehrmals täglich dürfen wir uns zu knackigem, herrlich süßem Obst verführen lassen.

Eigentlich ist es ganz einfach mit der gesunden Ernährung: Gemüse, Obst, vollwertige Getreideprodukte und Kartoffeln bilden die sättigende Basis. Eier, Milchprodukte, mageres Fleisch und Fisch kommen täglich, aber als Beiwerk auf den Tisch. Fett sparsam verwenden, am besten genau abmessen. Und Süßes nur ausnehmsweise, dafür bewusst genießen. Wer diese Empfehlungen berücksichtigt, ernährt sich automatisch ausgewogen und mit weniger Kalorien.

Maximaler Genuss mit wenig Fett und Kalorien

→ Wurst an der Theke hauchdünn aufschneiden lassen.

→ Käse vor dem Servieren Raumtemperatur annehmen lassen, so schmeckt er würziger.

→ Statt Butter kalorienreduzierten Frischkäse, Tomatenmark, Senf oder Ayvar aufs Brot streichen.

→ Zum Kochen ein hochwertiges Öl wählen und genau mit dem Ess- bzw. Teelöffel portionieren.

Würzen wie die Weltmeister

Ob eine Prise Zucker oder Salz – sie sind oft das i-Tüpfelchen des Würzens. Mit beidem, besonders mit Salz, bitte sparsam umgehen. 5 Gramm Salz reichen täglich aus, besonders, wenn auch fertige und halbfertige, bereits gesalzene Produkte auf dem Speiseplan stehen. Eine super Alternative zum Salz: Schmecken Sie Ihre Speisen kreativ und üppig mit Kräutern und Gewürzen ab. Verschiedene Currymischungen, gemahlenes Zitronengras, frische Minze, eine Teelöffelspitze grünes oder rotes Pesto aus dem Glas, ein Spritzer Limettensaft oder eine gute Prise Chilipulver verwandeln sparsam gesalzene Speisen in raffinierte Gerichte.

7 Merksätze: Five-a-day und Ampelessen

Wer täglich fünf Portionen Gemüse und Obst zu sich nimmt, versorgt seinen Körp mit ausreichend Vitaminen und Mineralstoffen und stärkt sein Immunsystem.

1 Gesundheit mit Biss

Essen Sie täglich fünf Portionen Gemüse und Obst: Am besten dreimal Gemüse (300 bis 400 g), die Hälfte roh, und zweimal Obst (250 bis 300 g).

2 Sekundäre Pflanzenstoffe

Verschiedenfarbige Obst- und Gemüsesorten liefern uns die gesamte Palette sekundärer Pflanzenstoffe. Sie machen uns fit und beugen Krankheiten vor.

3 Fünf-am-Tag: ganz griffig

Das Maß für eine Portion ist die eigene Hand. Bei großem Hunger einfach die Portionen von kalorienarmen Gemüsesorten verdoppeln.

4 Damit nichts verloren geht

Obst und Gemüse zuerst waschen und danach schälen oder schneiden. So können die wertvollen Inhaltsstoffe nicht herausgeschwemmt werden.

5 Gesund mit Vitaminen

Obst und Gemüse versorgen uns mit lebenswichtigen Vitaminen und Mineralstoffen und sind, bis auf wenige Ausnahmen, kalorienarme Sattmach

6 Ballaststoffe satt

Obst und Gemüse enthalten Ballaststoffe, die gesundheits- und verdauungsfördernd wirken. Sie machen sat und helfen so beim Abnehmen.

7 Die Frische macht's

Frisch geerntete, reife, saisonale Freilandprodukte wählen. Dieses Obst u Gemüse enthält ein Maximum an Vitaminen und Mineralstoffen.

Frisch und knackig soll'n sie sein!

Für den großen Hunger immer erst einmal einen Salat oder Rohkost wählen, die machen schön satt und belasten nicht.

Je frischer Obst und Gemüse, desto knackiger, gesünder und appetitlicher sind sie. Wer nicht täglich einkaufen geht, sollte wissen, welches Pflänzchen ein cooles Plätzchen mag und welches eher nicht:

➜ Äpfel, Zitrusfrüchte, Birnen, Bananen, Pfirsiche & Co. mögen Raumtemperatur. Früchte wie Birnen, Bananen, Pfirsiche etc. reifen dabei nach und sollten dementsprechend verbraucht werden; Äpfel und Zitrusfrüchte sind dagegen lange haltbar.

➜ Kirschen, Beeren (ungewaschen!) und angeschnittene Melonen (Schnittflächen mit Folie abdecken!) halten sich im Kühlschrank für ein, zwei Tage frisch.

➜ Tomaten mögen es nicht zu kalt, deshalb in der braunen Papiertüte oder offen in der Küche aufbewahren.

➜ Paprika, Möhren, Lauch, Sellerie, Zucchini und andere Gemüsesorten sind im Gemüsefach des Kühlschranks bestens aufgehoben.

➜ Kartoffeln, Zwiebeln und Knoblauch haben es gerne kühl und dunkel.

➜ Blattsalate und Kräuter mit Wasser benetzt, in Zeitungspapier gewickelt ein bis zwei Tage im Kühlschrank lagern.

Vitaminquellen „in the city"

➜ Frisch gepresste Säfte gibt es auf dem Wochenmarkt, in Cafés oder auch im Supermarkt.

➜ Ideal im Restaurant oder in der Kantine ist ein Salatbuffet mit frischen, unangemachten Salat- und Gemüsevarianten. Den Salatteller im Restaurant ohne Marinade bestellen, Essig und Öl separat dazu ordern. Das Öl mit einem Teelöffel abmessen!

➜ Möhren, Kohlrabi, Gurken, Paprika zu Hause in Stifte schneiden. Sie lassen sich wunderbar in der Frischebox oder im Gefrierbeutel mitnehmen und können Hungerattacken überbrücken.

➜ Vitamine im Eiscafé? Einen frischen Obstsalat mit einer Kugel Eis oder einen Milchshake mit Früchten wählen.

So trinken Sie sich schlank

2 Liter kalorienfreie Flüssigkeit braucht Ihr Körper täglich, nach dem Sport sogar noch mehr

Wasser ist der Hauptbestandteil unseres Körpers, je nach Alter und Geschlecht macht der Wasseranteil 50 bis 60 Prozent aus. Wasser hält unseren Stoffwechsel in Fluss, sorgt für eine glatte Haut und gute Konzentration. Symptomen wie Konzentrationsmangel und Kopfschmerzen kann oft schon mit dem Trinken von ausreichend Wasser abgeholfen werden. Trinken Sie mindestens 2 Liter Wasser oder andere kalorienfreie Getränke pro Tag, und zwar deutlich über den Durst hinaus. Denn Durst gilt bereits als Alarmsignal für eine zu geringe Flüssigkeitszufuhr.

Wer viel Wasser trinkt, verspürt weniger Hunger, mehr Energie und Konzentration. Ihren Durst können Sie mit Mineralwasser, Kräuter- und Früchtetees, aber auch mit süßstoffgesüßten Getränken, Kaffee und Schwarztee löschen. Nehmen Sie sich für Unterwegs immer eine Flasche Wasser mit, so kommt das Trinken über den Tag verteilt nicht zu kurz. Die darüber hinaus benötigte Flüssigkeit erhält der Körper aus flüssigen Speisen sowie aus wasserhaltigen Nahrungsmitteln, zum Beispiel Obst und Gemüse.

Schöner Trinken

Frieren Sie frisch gepressten Orangensaft oder ungesüßten, gekauften Saft im Eiswürfelbehälter ein. Besonders attraktiv im Mineralwasser sind Eiswürfel in Herzform oder in anderen Formen. Auch Espresso oder Tee lässt sich gut einfrieren. Zum Servieren durch den Eiscrusher drehen und Espresso mit etwas Süßstoff, Tee mit Zitrone abschmecken.
Frisches Obst wie Ananas, Mango, Kiwi oder Melone in Würfel schneiden und auf Holzspießchen stecken. Damit lässt sich Mineralwasser zum exotischen Drink aufpeppen.

7 Merksätze zum Trinken

Kalorienfreie Getränke sind ideale Begleiter einer Diät, denn sie füllen den Bauch zum Nulltarif und kurbeln den Stoffwechsel ordentlich an.

1 Wasser unbeschränkt

Leitungswasser gibt es fast überall und es besitzt häufig eine sehr gute Trinkwasserqualität. Erkundigen Sie sich bei Ihren Wasserwerken nach den Werten.

2 Aber bitte mit Wasser!

Säfte immer üppig mit Mineralwasser verdünnt trinken. So schmeckt Ihr Getränk schön fruchtig, und das Kalorienkonto wird nicht zu sehr belastet.

3 Kaffee und schwarzer Tee

Kaffee und schwarzen Tee als Genussmittel konsumieren, also maßvoll. Denn sie regen den Kreislauf an und strapazieren auf Dauer das Herz.

4 Ein Gläschen in Ehren

Wein, Bier & Co. enthalten reichlich Kalorien (siehe Seite 70–71) und gelten als Appetitanreger. Darum nur ab und an zu einem schönen Essen genießen.

5 Kräuter- und Früchtetee

Ungesüßte Kräuter- und Früchtetees sind eine köstliche, kalorienfreie Alternative zum Wasser. Im Sommer schmecken sie eisgekühlt besonders gut.

6 Limo light

Lightgetränke mit Süßstoff können eine echte Rettung sein, abends in der Kneipe etwa. Aber bitte in Maßen, denn Süßstoffe regen den Appetit an!

7 Versteckte Kalorien!

Vorsicht bei Sahne, Milch und Zucker im Kaffee! Eine ungesüßte Latte macchiato etwa schlägt mit 125 kcal zu Buche.

Trinken Sie Wein maßvoll und bestellen Sie immer ein großes Glas Mineralwasser dazu!

Haltbare Lebensmittel für die nächsten drei Wochen

Gewürze und Würzzutaten:

mildes oder scharfes Currypulver
Zimtpulver
edelsüßes Paprikapulver
gemahlener Pfeffer oder Pfeffer aus der Mühle
geriebene Muskatnuss
Salz
gerebelter Majoran
Gartenkräuter zum Streuen
Instant-Gemüsebrühe
Instant Gemüsebrühe mit Kräutern
Kräuteressig
flüssiger Süßstoff
1 Röhrchen Vanillearoma
Zitronensaft aus der Plastikzitrone (100 ml)
1 Tube mittelscharfen Senf (100 ml)
1 Tube oder 1 Glas geriebenen Meerrettich (85 g)
1 Beutel geriebener Parmesankäse (125 g)
1 Tube Tomatenmark (200 ml)
1 Becher streufähige Röstzwiebeln (100 g)

Tiefkühlprodukte:

5 Päckchen Petersilie, gehackt (je 25 g)
2 Päckchen Dill (je 25 g)
3 Päckchen Schnittlauchröllchen (je 25 g)
1 Päckchen Basilikum (25 g)
1 Päckchen italienische Kräuter (25 g)
1 Päckchen Salatkräuter (25 g)
2 Päckchen gemischte Kräuter (je 25 g)
2 Päckchen Knoblauch, gewürfelt (je 25 g)
4 Päckchen Zwiebeln, gewürfelt (je 25 g)

Getränke:

1 Packung grüner Tee in Beuteln
1 Flasche trockener Weißwein (0,7 l)

Nach Warengruppen sortierte Listen machen Ihren Einkauf leicht und schnell.

Fett und Pflanzenöl:

1 kleine Flasche Sonnenblumen-, Maiskeim- oder Rapsöl (250 ml)
1 Flasche (250 ml) Creme zum Verfeinern (20 % Fett)

Brot, Getreideprodukte, Kartoffeln:

1 Packung Knäckebrot (250 g)
1 Packung Crisp-Knäckebrot (200 g)
1 Packung Vollkornzwieback (250 g)
1 Packung Haferkekse mit 10 Stück (je 25 g)
1 Packung italienische Hartweizennudeln, z.B. Penne (500 g)
1 Packung Convenience-Basmati-Reis
1 Packung Parboiled-Reis mit 2 Beuteln (je 125 g)
1 Packung kernige Haferflocken (500 g)
1 Tüte Croûtons mit Sonnenblumenkernen (25 g)
2,5 kg Kartoffeln, vorwiegend fest kochend

Nüsse und Samen:

1 Tüte Kürbiskerne (100 g)
1 Tüte Mandelblättchen (100 g)

Sonstiges:

1 Glas kalorienreduzierter Fruchtaufstrich (310 g)
1 Glas Gewürzgurken (370 g Abtropfgewicht)
1 kleines Glas Honig (250 g)
1 Packung Kartoffelpüreeflocken komplett mit Milch (3 Portionen)
1 Packung Kondensmilch (4 % F.i.Tr.)
1 Tüte Rosinen (250 g)
2 Päckchen oder 2 Dosen stückige Tomaten (je 370 ml)

1. WOCHE

Hier ist sie – die erste Woche der Mini-Max-Diät mit leckeren Rezepten gegen überflüssige Pfunde. Kaufen Sie alle haltbaren Lebensmittel für die folgende Woche schon am Vortag ein und krönen Sie Ihren Einkauf mit einem Cappuccino bei Ihrem Lieblingsitaliener.

EINKAUFSLISTE FÜR DIE 1. WOCHE

FRISCHES OBST UND GEMÜSE

1 Orange (150 g)
300 g Weintrauben (seedless)
2 Äpfel (300 g)
1 Clementine (100 g)
1 Banane (150 g)
1 Pfirsich (ersatzweise 2 Pfirsichhälften aus der Dose)
3 Mini-Romana-Salate (400 g)
2 rote oder grüne Paprikaschoten (500 g)
450 g Möhren
400 g Kirschtomaten
100 g Soja- oder Alfalfasprossen
1 Kopfsalat
2 Bund Radieschen
1 große Salatgurke (500 g)
1 große Tomate (100 g)

KÜHLTHEKE

1 Packung Halbfettbutter (250 g)
1 Becher körniger Frischkäse (200 g)
1 kalorienreduzierte Apfel-Zwiebel-Leberwurst, ersatzweise 1 kalorienreduzierte grobe Leberwurst (125 g)
2 Packungen kalorienreduzierter Kräuterfrischkäse, 8 % Fettgehalt (je 150 g)
1 Packung Eismeergarnelen (100 g)
2 Becher Buttermilch (je 500 g)
2 Becher Magermilchjoghurt, 0,3 % Fett (je 150 g)
1 Becher kalorienreduzierter Schinken-Lauch-Salat (200 g)

TIEFKÜHLPRODUKTE

1 Packung TK-Buttergemüse (300 g)
1 Packung TK-Erbsen (300 g)
1 Packung TK-Rahmspinat, portionierbar (450 g)

HALTBARE PRODUKTE

1 Flasche Tomatensaft (700 ml)
1 Tüte Kürbiscremesuppe
1 Flasche ACE-Getränk (500 ml)
1 Dose Tunfisch naturell (50 g)
1 Glas Kapern (35 g Abtropfgewicht)

BROT UND GEBÄCK

1 Paket Vollkornbrot mit 10 Scheiben (500 g)
1 Baguettebrötchen (60 g)
1 Roggenbrötchen (45 g)
1 kleines Stück Biskuitrolle oder 1 kleines Stück Obstkuchen vom Blech (60 g)

FRISCHE WURST-, FLEISCH- UND FISCHWAREN

1 Wiener Würstchen (50 g)
8 Scheiben kalorienreduzierte Geflügelmortadella (50 g)
6 Scheiben gekochter Schinken (180 g)
1 Rindersteak aus der Hüfte (125 g)
2 küchenfertige Schollenfilets, frisch oder TK (je 125 g)

SONSTIGES

3 getrocknete, in Öl eingelegte Tomaten

AUS DEM VORRAT

siehe gesamte Vorratsliste

Sonntag

FRÜHSTÜCK

0,80 € | 5 Minuten

Vollkornbrot mit Frischkäse und Orange

1 Scheibe Vollkornbrot
1 TL Halbfettbutter
50 g körniger Frischkäse
1 Orange
1 Glas Tomatensaft (200 ml)

Die Brotscheibe mit der Halbfettbutter bestreichen. Den Frischkäse darauf verteilen. Die Orange schälen und zum Brot essen. Dazu Tomatensaft trinken.
→ **100 kcal zusätzlich:** 2 Orangen, 0,70 €

ZWISCHENMAHLZEIT

Buttermilch-Tomaten-Drink, 0,50 €, 5 Minuten

200 g Buttermilch, 100 ml Tomatensaft, 1 Messerspitze geriebenen Meerrettich, Salz, Pfeffer und 1 TL TK-Petersilie verrühren und pikant abschmecken. Mit 2 Eiswürfeln in ein Longdrinkglas füllen, mit etwas Petersilie bestreuen und eiskalt genießen.

EINKAUFSTIPP MITTAGESSEN:
Romanasalat (Römischer Salat) kommt im September/Oktober aus heimischem Anbau,

MITTAGESSEN

1,40 € | 15 Minuten

Kartoffelsuppe mit Romanasalat

350 g vorwiegend fest kochende Kartoffeln
1 TL Öl
1 TL TK-Zwiebelwürfel
500 ml Instant-Gemüsebrühe
200 g Mini-Romanasalat (1½ Stauden)
2 EL stückige Tomaten
Salz, Pfeffer
1 TL Mandelblättchen
1 Wiener Würstchen

1. Die Kartoffeln schälen und fein würfeln. Das Öl in einem Topf erhitzen,

von November bis Mai/Juni als Exportware in den Handel. Er schmeckt herb und herzhafter als Kopfsalat. Für Salate schneidet man die Blätter in Streifen. Mini-Romanasalate gibt es im Supermarkt in Dreierpacks (etwa 400 g). Als Ersatz Chinakohl kaufen.

KÜCHENTIPPS

→ Zum Pürieren kleiner Mengen den Topf schräg halten oder die Suppe im Mixbecher pürieren, in den Topf zurückgeben und nochmals erhitzen.
→ Übrigen Romanasalat für Dienstag in Frischhaltefolie gewickelt im Gemüsefach des Kühlschranks aufbewahren.

Kartoffel- und Zwiebelwürfel darin glasig werden lassen. Gemüsebrühe zufügen, aufkochen und alles zugedeckt bei mittlerer Hitze 10–12 Minuten garen.
2. Den Romanasalat waschen und streifig schneiden. Die Kartoffelsuppe pürieren, Salatstreifen und stückige Tomaten einrühren. Die Suppe mit Salz und Pfeffer abschmecken und noch 3 Minuten köcheln lassen.
3. Die Mandelblättchen unterheben. Das Wiener Würstchen klein schneiden und in der Suppe erwärmen.
→ **100 kcal zusätzlich:** 1 Becher Vollmilch-Joghurt (3,5 % Fett), 0,20 €

ZWISCHENMAHLZEIT

150 g Weintrauben, 0,45 €

ABENDESSEN

€ 1,40 € | 5 Minuten

Frischkäsebrot mit Kräutern und Paprika

1 Scheibe Vollkornbrot
1 TL Halbfettbutter
50 g körniger Frischkäse
1 EL TK-Petersilie oder -Schnittlauch
1 rote oder grüne Paprikaschote
Salz, Pfeffer
2 Gläser Tomatensaft (je 200 ml)

1. Die Brotscheibe mit Halbfettbutter bestreichen. Den körnigen Frischkäse und die Kräuter darauf verteilen.
2. Die Paprikaschote halbieren, putzen, waschen und in schmale Streifen schneiden. Mit Salz und Pfeffer bestreuen und zum Brot essen. Den Tomatensaft nach Wunsch mit Salz und Pfeffer würzen und zum Frischkäsebrot trinken.
→ **100 kcal zusätzlich:** 1 Scheibe Vollkornbrot mit 1 TL Halbfettbutter bestreichen, 0,10 €

Montag

FRÜHSTÜCK

0,45 € | 5 Minuten

Vollkornbrot mit Leberwurst

1 Scheibe Vollkornbrot
20 g kalorienreduzierte Apfel-Zwiebel-Leberwurst, ersatzweise kalorienreduzierte grobe Leberwurst
1 gehäufter TL Röstzwiebeln
½ Apfel

Die Brotscheibe mit Leberwurst bestreichen und mit Röstzwiebeln bestreuen. Die Apfelhälfte zum Brot essen.
→ **100 kcal zusätzlich:** 1 Apfel, 0,30 €

VARIANTE

Statt Röstzwiebeln Schnittlauch oder Majoranblättchen auf das Brot streuen.

ZWISCHENMAHLZEIT

Fruchtiger Frischkäse, 0,45 €, 5 Minuten

1 Clementine schälen, klein schneiden. 50 g körnigen Frischkäse mit 3 Spritzern Zitronensaft verrühren, Clementine dazu essen.

MITTAGESSEN

2,35 € | 20 Minuten

Rindersteak mit Kräutermöhren

350 g vorwiegend fest kochende Kartoffeln
Salz
250 g Möhren
3 TL Öl
1 TL getrocknete Gartenkräuter
1 Rindersteak aus der Hüfte (125 g)
Pfeffer
2 EL TK-Zwiebelwürfel
2 EL TK-Petersilie

1. Die Kartoffeln schälen und mit gesalzenem Wasser bedeckt gar kochen. Möhren waschen, würfeln und in 1 TL Öl leicht anbraten. ⅛ l Wasser zugießen und die Möhren zugedeckt bei mittlerer Hitze in 8 Minuten bissfest dünsten. Salzen, die Gartenkräuter zufügen und die Möhren weitere 3 Minuten garen.
2. Das Fleisch mit dem übrigen Öl einstreichen, pfeffern und in der erhitzten Pfanne von jeder Seite 2–3 Minuten braten. Das Fleisch salzen, aus der Pfanne nehmen und warm stellen.

EINKAUFSTIPP MITTAGESSEN:

Für ein besonders zartes Steak gut abgehangenes Fleisch von dunkelroter bis fast brauner Färbung wählen.

3. Die TK-Zwiebeln in die Pfanne geben, Möhrenflüssigkeit zugießen und die Zwiebeln 2 Minuten dünsten. Petersilie unter die Möhren mischen und mit Fleisch, Zwiebeln und Salzkartoffeln essen.
→ **100 kcal zusätzlich:** 1 Vollmilch-Joghurt, 0,20 €

ZWISCHENMAHLZEIT

1 Glas ACE-Getränk (200 ml) und 1 Scheibe Knäckebrot, 0,20 €

ABENDESSEN

1,20 € | 10 Minuten

Kürbiscremesuppe mit Tomaten

1 Tüte Kürbiscremesuppe
2 EL stückige Tomaten
1 TL Röstzwiebeln
1 Scheibe Vollkornbrot
1 TL Halbfettbutter
½ TL TK-Schnittlauch

1. Die Kürbiscremesuppe nach Packungsanweisung zubereiten. Die stückigen Tomaten unterrühren und 1–2 Minuten mitkochen. Die fertige Suppe mit Röstzwiebeln bestreuen.
2. Die Vollkornbrotscheibe mit Halbfettbutter bestreichen und mit Schnittlauch bestreuen. Zur Suppe essen.
→ **100 kcal zusätzlich:** 1 Orange und 1 Kiwi, 0,50 €

Dienstag

FRÜHSTÜCK
1,75 € | 5 Minuten

Knäckebrote mit Geflügelmortadella

3 Scheiben Knäckebrot
2 TL Halbfettbutter
8 Scheiben kalorienreduzierte Geflügelmortadella (50 g)
1 Gewürzgurke
100 g Kirschtomaten

Die Knäckebrotscheiben mit Halbfettbutter bestreichen. Die Wurst darauf legen. Die Gewürzgurke in Scheiben schneiden, die Tomaten waschen und vierteln. Das Gemüse zu den Broten essen.
→ **100 kcal zusätzlich:** 1 Banane, 0,25 €

ZWISCHENMAHLZEIT
Apfel- Buttermilch-Drink, 0,30 €, 5 Minuten

½ Apfel entkernen, nach Wunsch schälen und grob raspeln. Mit 200 g Buttermilch, 1 Spritzer Zitronensaft und 2–3 Tropfen flüssigem Süßstoff mischen und in ein Glas füllen.

MITTAGESSEN
2,40 € | 15 Minuten

Paprika-Schinken-Pfanne mit Reis

1 rote oder grüne Paprikaschote
200 g Mini-Romanasalat (1½ Stauden)
3 Scheiben gekochter Schinken (90 g)
1 EL Öl
1 TL TK-Zwiebelwürfel
⅛ l Instant-Gemüsebrühe
1 EL Zitronensaft
Salz, Pfeffer
1 TL TK-Schnittlauch
50 g Soja- oder Alfalfasprossen
1 Becher Convenience-Basmatireis (125 g)

EINKAUFSTIPP MITTAGESSEN: Convenience-Reis wurde in einem schonenden Verfahren vorgegart und portionsweise in Bechern abgepackt. In der Mikrowelle gart er in nur 1 Minute. Es gibt ihn als Basmatireis oder als Langkorn-Wildreis-Mischung.

TIPP

Frische Soja- oder Alfalfa-Sprossen finden Sie im Supermarkt abgepackt im Frischeregal oder lose an der Salatbar. Angebrochene Packungen mit Frischhaltefolie zudecken, Beutel gut verschließen und die Sprossen im Kühlschrank max. 2 Tage aufbewahren.

1. Paprikaschote putzen, mit dem Mini-Romanasalat waschen und streifig schneiden. Den Schinken würfeln.
2. Öl in einer Pfanne erhitzen, Zwiebeln darin andünsten. Paprika zugeben und andünsten. Alles zugedeckt 2 Minuten dünsten, dann Salatstreifen unterheben.
3. Gemüsebrühe und Zitronensaft zufügen, das Gemüse salzen und pfeffern. 5 Minuten offen garen. Schnittlauch und Sprossen unterheben. Den Basmatireis nach Packungsanweisung zubereiten. Das Gemüse mit dem Reis servieren.

→ **100 kcal zusätzlich:** ½ Apfel und 1 Kiwi, 0,25 €

ZWISCHENMAHLZEIT

1 Banane, 0,25 Euro

ABENDESSEN

1,10 € | 12 Minuten

Salat mit Buttermilch-Sprossen-Dressing

½ Kopfsalat
100 g Buttermilch
1 Spritzer Zitronensaft
2 Tropfen flüssiger Süßstoff
Salz, Pfeffer
2 TL Öl
1 EL TK-Salatkräuter
50 g Sprossen (Soja- oder Alfalfasprossen)
1 Scheibe Vollkornbrot
1 TL Halbfettbutter
20 g kalorienreduzierte Apfel-Zwiebel-Leberwurst, ersatzweise kalorienreduzierte grobe Leberwurst
½ Apfel

1. Kopfsalat abbrausen, Blätter klein zupfen. Buttermilch, Zitronensaft, Süßstoff, Salz, Pfeffer, Öl und Kräuter verrühren, mit den Sprossen mischen. Salatblätter unterheben. Brotscheibe mit Halbfettbutter und Leberwurst bestreichen, Apfel und Salat dazu essen.

→ **100 kcal zusätzlich:** 1 Apfel oder 1 Banane, 0,55 €

Mittwoch

FRÜHSTÜCK

1,40 € | 5 Minuten

Kräuterfrischkäse-brot mit Radieschen

1 Scheibe Vollkornbrot
1 TL Halbfettbutter
1 Blatt Kopfsalat
75 g kalorienreduzierter Kräuterfrischkäse (8 % Fett)
Pfeffer
1 EL gemischte TK-Kräuter
1 Bund Radieschen
6 Kirschtomaten
100 g Buttermilch

Die Brotscheibe mit Halbfettbutter bestreichen. Salatblatt, Frischkäse, Pfeffer und Kräuter darauf verteilen. Gemüse und Buttermilch dazu genießen.
→ **100 kcal zusätzlich:** 1 Orange und 1 Kiwi, 0,55 €

ZWISCHENMAHLZEIT

Tomatensalat, 0,55 €, 5 Minuten

100 g Kirschtomaten mit ½ TL Essig, Salz, Pfeffer und 1 TL Öl anmachen, 1 Scheibe Knäckebrot dazu essen.

MITTAGESSEN

1,45 € | 15 Minuten

Schinkennudeln mit Tomatensauce

60 g Penne (italienische Hartweizen-nudeln)
Salz
1 EL TK-Zwiebelwürfel
1 TL TK-Knoblauchwürfel
1 TL Tomatenmark
6 EL stückige Tomaten
⅛ l Instant-Gemüsebrühe
Pfeffer
2–3 Tropfen flüssiger Süßstoff
3 Scheiben gekochter Schinken (90 g)
1 EL TK-Basilikum
1 EL geriebener Parmesankäse
½ Apfel

KÜCHENTIPP

60 g rohe Nudeln ergeben 150 g gekochte. Am besten gleich 50 g Nudeln für Freitag mitkochen, also insgesamt 110 g rohe Nudeln. 125 g der gekochten Nudeln in einer Box im Kühlschrank aufbewahren.

EINKAUFSTIPP FRÜHSTÜCK:

Kalorienreduzierten Frischkäse mit nur 8 % Fettgehalt gibt es auch als Kräuterfrischkäse. Er schmeckt besonders würzig und eignet sich ideal zum kalorienarmen Verfeinern von Salatdressings, Saucen und Suppen.

1. Die Nudeln nach Packungsanweisung garen, abgießen und abtropfen lassen. Zwiebeln, Knoblauch, Tomatenmark, stückige Tomaten und Brühe in einem Topf vermischen. 10 Minuten offen bei schwacher Hitze einkochen lassen. Mit Salz, Pfeffer und Süßstoff würzen.
2. Schinken fein würfeln, in einer Pfanne ohne Fett unter Wenden dünsten. Nudeln, Schinken und Basilikum mischen und in einen tiefen Teller geben. Tomatensauce und Parmesankäse darüber verteilen. Die Apfelhälfte als Nachtisch essen.
→ **100 kcal zusätzlich:** 1 Birne, 0,40 €

ZWISCHENMAHLZEIT

150 g Weintrauben, 0,45 €

ABENDESSEN

€ 1,60 € | 10 Minuten

Garnelensalat mit Gurke und Radieschen

1 Scheibe Vollkornbrot
1 Scheibe Knäckebrot
2 TL Halbfettbutter
100 g Salatgurke
½ Bund Radieschen
1 Salatblatt
50 g Eismeergarnelen
Salz, Pfeffer
1 EL Creme zum Verfeinern (20 % Fett)
½ TL TK-Dill

1. Die Brotscheibe und das Knäckebrot mit Halbfettbutter bestreichen. Die Salatgurke und die Radieschen fein würfeln, das Salatblatt in Streifen schneiden.
2. Die Eismeergarnelen mit dem Gemüse mischen und mit Salz und Pfeffer würzen. Die Creme als Klecks obenauf setzen und den Dill darauf streuen. Die Brote dazu essen.
→ **100 kcal zusätzlich:** 200 g Salatgurke, 1 Bund Radieschen und 2 Scheiben Crisp-Knäckebrot, 0,50 €

Donnerstag

FRÜHSTÜCK

0,40 € | 5 Minuten

Roggenbrötchen mit Fruchtaufstrich

1 Roggenbrötchen
2 TL Halbfettbutter
2 TL kalorienreduzierter Fruchtaufstrich

Das Roggenbrötchen aufschneiden und mit Halbfettbutter bestreichen. Fruchtaufstrich darauf verteilen.
→ **100 kcal zusätzlich:** 1 Glas (200 ml) ACE-Vitamingetränk und 2 Scheiben Crisp-Knäckebrot, 0,20 €

ZWISCHENMAHLZEIT

Gemüse mit Frischkäsedip, 1,00 €, 8 Minuten

1 Möhre und 100 g Salatgurke, Zucchini oder Stangensellerie waschen, putzen und in fingerdicke Streifen schneiden. ½ Bund Radieschen waschen, putzen und halbieren. 75 g kalorienreduzierten Kräuterfrischkäse (8 % Fett) mit 1–2 Spritzern Zitronensaft, Pfeffer und ½ TL TK-Schnittlauch verrühren und als Dip zum Gemüse essen.

MITTAGESSEN

1,70 € | 20 Minuten

Pellkartoffeln mit Kräuterfrischkäse

250 g vorwiegend fest kochende Kartoffeln
Salz
150 g kalorienreduzierter Kräuterfrischkäse (8 % Fett)
1 EL Kondensmilch
½ TL mittelscharfer Senf
2 EL Zitronensaft
2 EL TK-Kräuter (Petersilie, Schnittlauch oder Dill)
1 Möhre
½ Kopfsalat
Pfeffer
1 TL Öl
3 Tropfen flüssiger Süßstoff

1. Die Kartoffeln in der Schale mit Salzwasser bedeckt etwa 20 Minuten garen.
2. Inzwischen Frischkäse mit Kondensmilch, Senf, 1 Esslöffel Zitronensaft und den Kräutern verrühren.
3. Für den Salat die Möhre raspeln. Kopfsalat abbrausen und streifig schneiden. Restlichen Zitronensaft, Salz, Pfeffer, Öl und flüssigen Süßstoff mit den

EINKAUFSTIPP MITTAGESSEN: Kartoffeln mit zarter Schale und feinem Geschmack aus heimischem Anbau (Juni bis August) nennt man Speisefrühkartoffeln. Diese mit einer Gemüsebürste gründlich abschrubben, garen und mit Schale essen.

Salatzutaten mischen. Kartoffeln pellen, mit Salat und Frischkäse essen.
→ **100 kcal zusätzlich:** 160 g Pellkartoffeln, 0,05 €

ZWISCHENMAHLZEIT

Buttermilch mit Kräutern, 0,40 €, 5 Minuten
200 g Buttermilch mit 1 Spritzer Zitronensaft und 1 EL gemischten TK-Kräutern kräftig aufmixen. Mit getrockneten Gartenkräutern, Pfeffer und Salz abschmecken. Die Kräuter-Buttermilch auf 2–3 Eiswürfel in ein Longdrinkglas gießen und sofort genießen.

ABENDESSEN

€ 1,85 € | 5 Minuten

Vollkornbrot mit Eismeergarnelen

1 Scheibe Vollkornbrot
1 Scheibe Knäckebrot
2 TL Halbfettbutter
50 g Eismeergarnelen
Salz, Pfeffer
1 Spritzer Zitronensaft
200 g Salatgurke

1. Die Brot- und die Knäckebrotscheibe mit Halbfettbutter bestreichen. Die Eismeergarnelen mit Salz, Pfeffer und Zitronensaft anmachen.
2. Die Salatgurke waschen, nach Wunsch schälen und in Scheiben schneiden. Die Gurkenscheiben mit Salz und Pfeffer bestreuen. Brote und Gurkenscheiben zu den Eismeergarnelen essen.

→ **100 kcal zusätzlich:** 150 g Honigmelone oder 300 g Wassermelone, in mundgerechte Stücke geschnitten, 0,20 €

Freitag

FRÜHSTÜCK
0,45 € | 8 Minuten

Haferflocken-müsli

3 gehäufte EL kernige Haferflocken
1 Becher Magermilchjoghurt
1 TL kalorienreduzierter Fruchtaufstrich

Die Haferflocken mit 2–3 EL Wasser vermischen und 5 Minuten quellen lassen. Dann den Joghurt und den Fruchtaufstrich untermischen.
→ **100 kcal zusätzlich:** 1 gehäuften EL kernige Haferflocken in etwa 2–3 EL Wasser 5 Minuten quellen lassen und mit 150 g Erdbeeren mischen, 0,60 €

ZWISCHENMAHLZEIT

Gefüllte Tomate mit Schinken-Lauch-Salat, 0,70 €, 10 Minuten

1 große Tomate waschen. Im oberen Drittel einen Deckel abschneiden. Die Tomate aushöhlen, das Fruchtfleisch klein schneiden. 50 g kalorienreduzierten Schinken-Lauch-Salat mit 1 TL TK-Petersilie verrühren, in die Tomate füllen. Den Tomatendeckel darauf setzen.

MITTAGESSEN
1,35 € | 15 Minuten

Nudeln mit Buttergemüse

50 g Penne (italienische Hartweizen-nudeln)
Salz
1 Packung TK- Buttergemüse (300 g)
2 TL Tomatenmark
100 ml heiße Instant-Gemüsebrühe
1 EL TK-Basilikum
Pfeffer
1 kleines Glas Buttermilch (100 g)

1. Nudeln nach Packungsanweisung in leicht gesalzenem Wasser bissfest garen, abgießen, abtropfen lassen. TK-Gemüse in einem Topf zugedeckt mit 5 EL Wasser aufkochen und 6 Minuten dünsten.

EINKAUFSTIPP FRÜHSTÜCK

Anstelle von kernigen Haferflocken können Sie auch eine Müslimischung wählen. Wie wäre es zur Abwechslung einmal mit einem 6-Korn-Müsli, mit einem Müsli mit Nüssen oder Schokolade oder mit einer Müslimischung mit exotischen Früchten?

KÜCHENTIPP

Zum Aufwärmen vorgegarte Nudeln in kochendes Salzwasser geben und darin in knapp 1 Minute erhitzen. Die Nudeln abgießen und gut abtropfen lassen.

2. Tomatenmark, Gemüsebrühe und Basilikum verrühren, unter das Gemüse mischen, salzen und pfeffern. Die Nudeln dazu anrichten. Die Buttermilch dazu trinken.
→ **100 kcal zusätzlich:** 30 g Nudeln (oder 75 g gekochte Nudeln), 0,02 €

VARIANTE

Statt Tomatenmark 2 EL stückige Tomaten unter das Gemüse rühren.

ZWISCHENMAHLZEIT

Vanille-Joghurt mit Pfirsich, 0,50 €, 5 Minuten

1 Becher Magermilchjoghurt mit 2 Tropfen flüssigem Süßstoff und 1 Tropfen Vanille-Aroma verrühren. Pfirsich waschen, putzen, würfeln und unter den Joghurt rühren.

ABENDESSEN

1,75 € | 15 Minuten

Reissalat mit Tunfisch

30 g Parboiled-Reis
Salz
75 g TK-Erbsen
50 g Tunfisch naturell
1 TL Kräuteressig
1 Spritzer Zitronensaft
1 TL Öl
1 EL stückige Tomaten
½ TL TK-Zwiebelwürfel
2 TL gemischte TK-Kräuter
Pfeffer
1 Scheibe Knäckebrot
1 kleines Glas Buttermilch (100 g)

1. Reis nach Packungsanweisung garen. Erbsen unterheben, abkühlen lassen. Tunfisch abgießen, zerpflücken und mit Essig, Zitronensaft und Öl mischen.
2. Tomatenstücke, Zwiebelwürfel und Kräuter unter die Reis-Mischung heben, salzen und pfeffern. Knäckebrot und Buttermilch dazu servieren.
→ **100 kcal zusätzlich:** 30 g (Rohgewicht) Parboiled-Reis, 0,20 €

Samstag

FRÜHSTÜCK
€ 0,40 € | 5 Minuten

Kräuter- und Marmeladenbrote

3 Scheiben Knäckebrot
2 TL Halbfettbutter
1 gute Prise gemischte TK-Kräuter
2 TL kalorienreduzierter Fruchtaufstrich

Die Knäckebrotscheiben mit Halbfettbutter bestreichen. Eine Scheibe mit Kräutern bestreuen, die anderen Scheiben mit Fruchtaufstrich bestreichen.
→ **100 kcal zusätzlich:** 1 Banane, 0,25 €

ZWISCHENMAHLZEIT

Schinken-Lauch-Salat mit Gurke und Tomaten, 0,80 €, 8 Minuten

100 g Salatgurke und 50 g Kirschtomaten waschen. Die Gurke nach Wunsch schälen und in Stücke schneiden, Tomaten halbieren. Mit Salz, Pfeffer und 1 TL TK-Schnittlauch bestreuen und mit einigen Spritzern Zitronensaft oder Essig beträufeln. 50 g kalorienreduzierten Schinken-Lauch-Salat zu den Gurken- und Tomatenstücken essen.

MITTAGESSEN
€ 2,20 € | 20 Minuten

Schollenröllchen auf Tomatenragout

160 g vorwiegend fest kochende Kartoffeln
Salz
2 küchenfertige Schollenfilets (je 125 g)
Pfeffer
20 g TK-Rahmspinat, portionierbar
100 g Kirschtomaten
1 EL Öl
1 TL TK-Zwiebelwürfel
4 EL Instant-Gemüsebrühe
35 g Kapern
1 TL Halbfettbutter

1. Kartoffeln schälen, mit Salzwasser bedeckt gar kochen. Schollenfilets trocken tupfen, salzen und pfeffern. Den Rahmspinat darauf verteilen, die Schol-

TIPP

Statt frischer Schollenfilets tiefgekühlte verwenden. Diese vor der Zubereitung auftauen lassen und mit Küchenpapier gut trocken tupfen.

EINKAUFSTIPP MITTAGESSEN:
Kapern wachsen als Blütenknospen an einem kleinen grünen Busch fast überall im Mittelmeerraum. Bei uns gibt es sie eingelegt in Salz oder in Essigmarinade. Je kleiner die Kapern, desto feiner ihr Geschmack.

lenfilets fest aufrollen. Den Backofen auf 180° vorheizen.

2. Kirschtomaten waschen, halbieren, mit den Zwiebelwürfeln im Öl anbraten. Gemüsebrühe zugeben, 2 Minuten kochen lassen. Kapern untermischen.

3. Erst Tomatenmischung, dann Schollenröllchen und Butter in Flocken in eine ofenfeste Form geben. Das Gericht im Ofen (Mitte, Umluft 160°) 15–20 Minuten garen. Kartoffeln dazu essen.

→ **100 kcal zusätzlich:** 160 g gekochte Salzkartoffeln, 0,05 €

NACHMITTAGS:
1 kleines Stück Biskuitrolle oder 1 Stück Obstkuchen vom Blech, 1,35 €

ABENDESSEN

1,10 € | 10 Minuten

Spinat-Crostini

70 g TK-Rahmspinat, portionierbar
½ TL TK-Knoblauchwürfel
15 g getrocknete Tomaten in Öl
1 Baguettebrötchen
1 TL geriebener Parmesankäse

1. Den Rahmspinat in eine beschichtete Pfanne geben und bei schwacher Hitze 6–8 Minuten auftauen lassen. Die Knoblauchwürfel unterrühren.

2. Die getrockneten Tomaten fein hacken. Das Brötchen der Länge nach in 8 Scheiben schneiden und goldgelb toasten.

3. Die heiße Spinatmasse auf die Brötchenscheiben streichen. Die Tomaten mit dem anhängenden Öl auf die Brötchenscheiben geben. Parmesankäse obenauf streuen.

→ **100 kcal zusätzlich:** 1 Birne und 1 Kiwi, 0,60 €

Schlankes Kochen für Wespentaillen

ANTIHAFTBESCHICHTETE PFANNEN

In einer beschichteten Pfanne mit 28 cm oder 20 cm Durchmesser und mit einem Glasdeckel lässt sich fast alles braten, dünsten und schmoren. Beim Kauf auf eine qualitativ hochwertige Beschichtung achten, die nicht abplatzt; nur mit einem Bratenwender aus Holz oder weichem Kunststoff umrühren.

DIGITALE KÜCHENWAAGE

Für genaues Abwiegen schaffen Sie sich am besten eine digitale Küchenwaage mit Grammanzeige an. Zum Abmessen von Flüssigkeiten sind außerdem ein kleiner Messbecher mit 150 ml Inhalt und ein großer Messbecher aus hitzebeständigem Glas für kochend heiße Flüssigkeiten zu empfehlen.

BACKPINSEL

Ab jetzt werden Sie nur noch kleine Mengen Öl in die Pfanne geben, die Sie genau mit dem Tee- oder Esslöffel abmessen. Besorgen Sie sich zum Verteilen dieser geringen Mengen einen breiten Backpinsel, den Sie ausschließlich zum Ausfetten von Pfanne, Schmortopf oder Auflaufform verwenden.

VERSCHLIESSBARE DOSEN

Wer sich seine vorbereiteten Mahlzeiten mit ins Büro nimmt, wird nicht in die Heißhungerfalle laufen. Zum Mitnehmen gut verschließbare Kunststoffdosen verwenden, möglichst in unterschiedlichen, auch kleinen Größen. Ebenfalls geeignet für kleinere Mengen sind Gläser mit Twist-Off-Deckeln.

Mit den richtigen Küchenhelfern und fettarmen Garmethoden gelingt das Kochen für die Mini-Max-Diät schnell und einfach. Gönnen Sie sich nach und nach qualitativ hochwertige Küchengeräte, die Ihnen das fettarme Garen erleichtern. Denn Sie werden sie bestimmt auch nach Ihrer Mini-Max-Diät zum Halten Ihres Wohlfühlgewichts verwenden.

WOKEN

Zum „Woken" oder Pfannenrühren den Wok stark erhitzen. Wenig Öl hineingeben, schwenken. Das Gargut in Portionen nach Sorten getrennt garen und ständig von innen nach außen rühren. Gare Zutaten herausnehmen, nächstes Gargut ohne weitere Fettzugabe garen. Zum Schluss alles vermischen.

DAMPFGAREN

Fettfreies Garen von Gemüse, Fisch und magerem Fleisch gelingt am besten in einem aufklappbaren Siebeinsatz. In den Topf 3–4 cm hoch Wasser oder Brühe geben, den Siebeinsatz darauf setzen und das Gargut hineinlegen. Deckel aufsetzen, die Flüssigkeit aufkochen und die Zutaten im Dampf garen.

BLANCHIEREN

Schön knackig wird Gemüse, wenn man es blanchiert. Zuckerschoten, Blattspinat und andere zarte Gemüsesorten 2–5 Minuten in kochendes Wasser geben, mit dem Schaumlöffel herausheben und in Eiswasser tauchen. Dann heraus nehmen, abtropfen lassen und in heißer Brühe oder Butter wenden.

GRILLEN

Fleisch schmeckt auch ohne Fett schön aromatisch, wenn man es einige Stunden vor dem Grillen mit Knoblauch, Rosmarin, Thymian und Oregano eingerieben im Kühlschrank durchziehen lässt. Forellen mit Kräuterzweigen und Zitronenscheiben füllen, Gemüse in Stücke schneiden, würzen und aufspießen.

2. WOCHE

Die erste Diätwoche ist geschafft und Ihre Waage zeigt schon Erfolge. Lassen Sie sich nicht irritieren, wenn die Pfunde jetzt langsamer purzeln. Ihr Körper hat den Stoffwechsel umgestellt, etwa ab der zweiten Woche geht's ran an die Fettdepots!

EINKAUFSLISTE FÜR DIE 2. WOCHE

FRISCHES OBST UND GEMÜSE
4 Äpfel (je 150 g)
1 Banane (150 g)
250 g Erdbeeren (frisch oder TK)
125 g Heidelbeeren (frisch, TK oder aus dem Glas)
1 Mandarine (40 g)
1 Orange (150 g)
550 g Kirschtomaten
3 Möhren (300 g)
1 Salatgurke (300 g)
200 g Zucchini
1 Rettich (450 g)
1 Frühlingszwiebel
30 g Zuckerschoten

KÜHLTHEKE
1 Packung leichter Brotaufstrich mit Joghurt, 15 % Fett (200 g)
1 l fettarme Milch, 1,5 % Fett
1 Becher Magermilchjoghurt, 0,3 % Fett (150 g)
1 Becher fettarmer Joghurt, 1,5 % Fett (150 g)
1 Becher Trinkmolke (500 g)

TIEFKÜHLPRODUKTE
1 Packung TK-Pfannengemüse der Saison (400 g)
1 Packung TK-Rotkohl, portionierbar (450 g)
1 Packung TK-Lauch mit Rahm, portionierbar (300 g)
1 Packung TK-Kabeljaufilets (2 x 160 g)

HALTBARE PRODUKTE
1 Tüte kalorienreduzierte Kartoffel-Lauch-Suppe, Tassenportion
1 Tüte kalorienreduzierte Gemüsecremesuppe, Tassenportion
1 Dose Reiseintopf mit Huhn (320 ml), ersatzweise 1 kleine Dose anderen Eintopf ohne Speck und Wurst (max. 400 ml Inhalt)
1 Dose Linsen, orientalisch gewürzt (425 ml), ersatzweise 1 Dose Linseneintopf, einfach (max. 425 ml)
1 Packung vorgegartes Sauerkraut (310 g)
1 Flasche Tomatensaft (0,7 l)

BROT UND GEBÄCK
1 Paket Vollkornbrot mit 10 Scheiben (500 g)
1 Roggenbrötchen (45 g)
1 Baguettebrötchen (60 g)
1 kleines Weizenbrötchen (30 g)

FRISCHE WURST- UND FLEISCHWAREN
8 Scheiben kalorienreduzierte Geflügelmortadella (50 g)
2 Scheiben gekochter Schinken (je 30 g)
4 Nürnberger Rostbratwürstchen (100 g)
8 Scheiben Lachsschinken ohne Fettrand (je 10 g)
1 Schweinenackenkotelett mit kleinem Knochen (150 g)
2 Minutensteaks (je 80 g)

SONSTIGES
2 Eier (Kl. M)
3 Scheiben fettreduzierter Gouda-Käse, 30 % F. i.Tr. (je 30 g)

AUS DEM VORRAT
siehe gesamte Vorratsliste

Sonntag

FRÜHSTÜCK

0,75 € | 5 Minuten

Vollkornbrot mit Schinken-Lauch-Salat

1 Scheibe Vollkornbrot
2 TL Halbfettbutter
Salz, Pfeffer
1 TL TK-Schnittlauch
50 g kalorienreduzierter Schinken-Lauch-Salat
100 g Kirschtomaten

Die Brotscheibe mit Halbfettbutter bestreichen, leicht salzen und pfeffern und mit Schnittlauch bestreuen. Die Tomaten waschen und mit dem Schinken-Lauch-Salat zum Brot essen.
→ **100 kcal zusätzlich**: 1 Birne, 0,40

ZWISCHENMAHLZEIT

Knäckebrot mit Leberwurst, 0,50 €, 3 Minuten

1 Scheibe Knäckebrot mit 30 g kalorienreduzierter Apfel-Zwiebel-Leberwurst, ersatzweise mit 30 g kalorienreduzierter grober Leberwurst bestreichen. 50 g Kirschtomaten dazu essen.

MITTAGESSEN

1,35 € | 12 Minuten

Gemüse-Kartoffel-Tortilla

1 Packung TK-Pfannengemüse der Saison mit Kartoffeln
Pfeffer
2 Eier (Kl. M)
2 EL TK-Petersilie

1. Das Pfannengemüse der Saison unaufgetaut nach Packungsanweisung mit 6 EL heißem Wasser in einer Pfanne zubereiten.

EINKAUFSTIPP MITTAGESSEN:

TK-Pfannengemüse der Saison besteht je nach Saison aus einer Mischung von bis zu 25 Prozent Kartoffelspalten, etwa 75 Prozent Gemüse, pflanzlichem Fett, Brühe, Salz und Pfeffer. Es enthält ca. 100 kcal pro Portion.

TIPP

Besonders praktisch und schnell zubereitet sind pfannenfertige Gemüsemischungen. Wenn man sie nicht zusätzlich mit Sahne oder anderen fetthaltigen Zutaten verfeinert, passen sie durchaus in den Diätplan. Für die Tortilla eignen sich besonders Gemüsemischungen mit Kartoffeln und Pilzen, aber auch mit mediterranen Kräutern verfeinerte Mischungen mit Paprika und Tomaten.

2. Eier, Petersilie und 4 EL kaltes Wasser in einem Rührbecher verschlagen. Die Eiermischung über das Gemüse in der Pfanne gießen, dabei die Pfanne etwas schräg halten, damit sich die Eiermasse gut verteilt. Die Pfanne mit dem Deckel schließen und die Eier bei schwacher Hitze in etwa 6 Minuten stocken lassen. Sofort servieren.
➜ **100 kcal zusätzlich:** 1 Glas ungesüßter Ananassaft (200 ml), 0,30 €

ZWISCHENMAHLZEIT

1 Haferkeks, 0,23 €

ABENDESSEN

1,45 € | 8 Minuten

Reiseintopf mit Huhn

1 kleine Dose Reiseintopf mit Huhn (320 ml)
100 ml Instant-Gemüsebrühe
2 EL TK-Erbsen
1 EL TK-Petersilie

Den Doseninhalt, die Gemüsebrühe und die Erbsen in einem Topf bei mittlerer Hitze erwärmen. Hin und wieder umrühren. Die Petersilie unterheben.
➜ **100 kcal zusätzlich:** 1 Scheibe Vollkornbrot mit 1 TL Halbfettbutter bestreichen, 0,10 €

VARIANTE

Statt Reiseintopf mit Huhn einfach Nudeleintopf mit Huhn besorgen. Außerdem eignen sich: Hühnersuppentopf, Rindfleischsuppentopf oder Toskanischer Gemüsetopf, alles tellerfertige 1-Portionen-Eintöpfe in der Dose oder dem Folienbeutel mit etwa 400 ml Inhalt.

Montag

FRÜHSTÜCK

€ 1,35 € | 5 Minuten

Vollkornbrot mit Geflügelmortadella

1 Scheibe Vollkornbrot
2 TL Halbfettbutter
8 Scheiben kalorienreduzierte Geflügelmortadella, 50 g
1 Gewürzgurke
100 g Kirschtomaten

Die Brotscheibe mit Halbfettbutter bestreichen. Die Wurst schuppenartig darauf verteilen. Gewürzgurke und Kirschtomaten dazu essen.
→ **100 kcal zusätzlich:** 1 Haferkeks, 0,23 €

ZWISCHENMAHLZEIT

Möhren-Apfel-Salat, 0,40 €, 8 Minuten

2 Möhren und 1 Apfel waschen. Die Möhren schälen, den Apfel entkernen und beides raspeln. Den Salat mit 3 EL Zitronensaft und 3 Tropfen flüssigem Süßstoff anmachen, mit Salz und Pfeffer würzen. Nach Möglichkeit vor dem Servieren 1 Stunde durchziehen lassen.

MITTAGESSEN

€ 1,10 € | 15 Minuten

Nudeln mit Spinatpesto

50 g Penne (italienische Hartweizennudeln)
1 TL TK-Knoblauchwürfel
1 ½ EL Öl
150 g TK-Rahmspinat, portionierbar
1 TL Mandelblättchen
2 gehäufte TL geriebener Parmesankäse
1/2 TL mittelscharfer Senf
Salz
Pfeffer
1 TL TK-Basilikum

1. Die Nudeln nach Packungsanweisung bissfest garen, abgießen und abtropfen lassen.
2. Die Knoblauchwürfel im erhitzten Öl glasig werden lassen, Spinat zufügen und zugedeckt etwa 9 Minuten erhitzen.

WÜRZTIPP

Statt Senf 1 gute Messerspitze Sardellenpaste ins Spinatpesto geben.

EINKAUFSTIPP MITTAGESSEN: Die besten Nudeln werden aus Hartweizen (Durumweizen) hergestellt, der reich an Eiweiß ist. Hartweizennudeln besitzen auch ohne Ei-Zusatz eine gelbe Färbung und bleiben beim Kochen schön bissfest (al dente).

3. Inzwischen die Mandelblättchen fein hacken, mit dem geriebenen Parmesan zum Spinat geben und mit Senf, Salz und Pfeffer würzen. Basilikum unterheben. Die Nudeln mit dem Spinatpesto anrichten.

→ **100 kcal zusätzlich:** 1 Glas ACE-Vitamingetränk (200 ml) und 2 Scheiben Crisp-Knäckebrot, 0,15 €

ZWISCHENMAHLZEIT

1 Haferkeks, 0,23 €

ABENDESSEN

€ 1,15 € | 5 Minuten

Baguettebrötchen mit Schinken und Apfel

1 Baguettebrötchen
1 TL Halbfettbutter
2 Scheiben gekochter Schinken (60 g)
1 Apfel

Das Baguettebrötchen aufschneiden und die Hälften mit Halbfettbutter bestreichen. Den gekochten Schinken darauf legen. Den Apfel dazu essen.

→ **100 kcal zusätzlich:** 1 Becher fettarmer Joghurt, 0,16 €

VARIANTE

Fischfans können das Schinkenbrötchen durch Lachsbrote ersetzen. Dafür 2 Scheiben Vollkornbrot mit ½ TL Halbfettbutter bestreichen und 50 g geräucherten, in dünne Scheiben geschnittenen Lachs darauf verteilen. Auf jedes Lachsbrot 1 Tupfen geriebenen Meerrettich aus dem Glas oder der Tube setzen und mit ½ TL TK-Dill bestreuen.

Dienstag

FRÜHSTÜCK

0,80 € | 5 Minuten

Leberwurst-Schnittlauch-Knäckebrote

2 Scheiben Knäckebrot
1 TL Halbfettbutter
55 g kalorienreduzierte Apfel-Zwiebel-Leberwurst, ersatzweise kalorienreduzierte grobe Leberwurst
½ TL TK-Schnittlauch
1 TL Röstzwiebeln

Die Knäckebrotscheiben mit Halbfettbutter und mit Leberwurst bestreichen. Schnittlauch und Röstzwiebeln darüber streuen.

→ **100 kcal zusätzlich:** 1 Apfel, 0,30 €

ZWISCHENMAHLZEIT

Kartoffel-Lauch-Suppe, 0,70 €, 5 Minuten

1 Tassenportion kalorienreduzierte Kartoffel-Lauch-Suppe nach Packungsanweisung mit kochendem Wasser in einem Becher aufgießen. ½ TL gemischte TK-Kräuter unterrühren. 1 Scheibe Crisp-Knäckebrot dazu essen.

MITTAGESSEN

1,40 € | 15 Minuten

Rotkohl mit Bratwurst und Kartoffelpüree

150 g TK-Rotkohl, portionierbar
4 Nürnberger Rostbratwürstchen (100 g)
1 EL Halbfettbutter
⅓ Beutel Kartoffelpüreepulver (komplett mit Milch)

1. Den Rotkohl nach Packungsanweisung 6–8 Minuten garen.
2. Die Halbfettbutter in einer beschichteten Pfanne erhitzen und die Bratwurst darin bei schwacher Hitze anbraten. Dabei den Deckel halb auflegen und die

EINKAUFSTIPP ABENDESSEN: Senf macht sich auch gut als pikanter Brotaufstrich und besitzt kaum Kalorien. Wer auf den Geschmack gekommen ist, sollte auch einmal grobkörnigen Senf, feinen Kräutersenf oder Dijonsenf auf dem Brot probieren.

KÜCHENTIPP MITTAGESSEN
Stechen Sie die Würste vor dem Braten mit einer Nadel mehrmals an. Das verhindert das Platzen der Würstchen.

Wurst zwischendurch einmal wenden.
3. Für das Kartoffelpüree 170 ml Wasser aufkochen und in eine Schüssel gießen. Das Kartoffelpüreepulver einrühren, etwa 1 Minute quellen lassen und noch einmal durchrühren. Das Kartoffelpüree mit Rotkohl und Bratwurst essen.
➜ **100 kcal zusätzlich:** ⅓ Beutel Kartoffelpüreepulver (komplett mit Milch) mit 170 ml heißem Wasser zubereiten, 0,20 €

VARIANTE
Statt TK-Rotkohl schmeckt auch TK-Rahmwirsing oder TK-Lauch mit Rahm gut zur würzigen Bratwurst. Beide TK-Gemüsesorten gibt es portionierbar abgepackt, so dass man auch kleine Mengen gut entnehmen kann.

ZWISCHENMAHLZEIT
1 Banane, 0,25 €

ABENDESSEN
1,25 € | 10 Minuten

Pikantes Brot und Schinken-Lauch-Salat

2 Scheiben Vollkornbrot
1 TL mittelscharfer Senf
2 EL TK-Schnittlauch
100 g Kirschtomaten
100 g Salatgurke
Salz, Pfeffer
50 g kalorienreduzierter Schinken-Lauch-Salat

1. Die Vollkornbrotscheiben leicht toasten, mit Senf bestreichen und mit Schnittlauch bestreuen.
2. Die Tomaten und das Gurkenstück waschen, in Stücke schneiden, leicht salzen und pfeffern und mit dem Schinken-Lauch-Salat zum Brot essen.
➜ **100 kcal zusätzlich:** 1 Apfel, 0,30 €

VARIANTE
Die Tomaten und die Gurke sehr fein würfeln oder hacken. Das Gemüse mit dem Schinken-Lauch-Salat mischen, mit Salz und Pfeffer abschmecken und zu den Broten essen.

Mittwoch

FRÜHSTÜCK
0,65 € | 5 Minuten

Roggenbrötchen mit Gewürzgurken-Tatar

1 Roggenbrötchen
1 EL leichter Brotaufstrich mit Joghurt (15 % Fett)
1 TL TK-Schnittlauch
1 Gewürzgurke

Das Brötchen aufschneiden, toasten und etwas abkühlen lassen. Die Gewürzgurke fein hacken, mit Schnittlauch und dem Brotaufstrich mischen und auf die Brötchenhälften verteilen.
➔ **100 kcal zusätzlich:** 150 ml ACE-Getränk und 2 Scheiben Crisp-Knäckebrot, 0,15 €

ZWISCHENMAHLZEIT

Knäckebrot mit Joghurt-Aufstrich, 0,30 €, 5 Minuten

1 Scheibe Knäckebrot mit 1 EL leichtem Brotaufstrich mit Joghurt (15 % Fett) bestreichen. 50 g Rettich schälen, in dünne Scheiben schneiden. Mit Salz und Pfeffer bestreuen und zum Knäckebrot essen.

MITTAGESSEN
1,70 € | 15 Minuten

Szegediner Gulasch

180 g vorwiegend fest kochende Kartoffeln
Salz
150 g Schweinenackenkotelett
Pfeffer
1 TL edelsüßes Paprikapulver
1 Apfel
1 gehäufter TL Tomatenmark
1 Packung tafelfertig vorgegartes Sauerkraut (310 g)

1. Die Kartoffeln schälen und mit Salzwasser bedeckt gar kochen.
2. Den Knochen vom Kotelett entfernen, das Fleisch grob würfeln, in einem mittelgroßen Topf oder einer hohen Pfanne ohne Fett unter Wenden anbraten. Das Fleisch mit Salz, Pfeffer und Paprikapulver würzen.
3. Den Apfel entkernen, klein würfeln und mit 150 ml Wasser und Tomatenmark zum Fleisch geben. Bei schwacher Hitze zugedeckt 12 Minuten schmoren.
4. Das Sauerkraut zum Fleisch geben und aufkochen. Unter Rühren in 3 Mi-

EINKAUFSTIPP FRÜHSTÜCK:
Anstelle von großem Rettich schlanke Eiszapfenrettiche besorgen. Sie werden bündelweise mit Blättern im Frühjahr und Sommer angeboten. Zum Servieren das Gemüse nicht schälen, sondern nur waschen und putzen.

nuten fertig garen. Das Szegediner Gulasch mit den Salzkartoffeln essen.

➜ **100 kcal zusätzlich:** 2 Scheiben mageren gekochten Schinken (60 g) würfeln und zum Fleisch geben, 0,40 €

ZWISCHENMAHLZEIT

Vollkornzwieback mit Fruchtaufstrich, 0,30 €, 3 Minuten

2 Vollkornzwiebäcke mit 1 TL Halbfettbutter und 2 TL kalorienreduziertem Fruchtaufstrich bestreichen.

ABENDESSEN
€ 1,90 € | 5 Minuten

Vollkornbrot mit Lachsschinken

1 Scheibe Vollkornbrot
2 Scheiben Crisp-Knäckebrot
2 TL Halbfettbutter
4 Scheiben Lachsschinken ohne Fettrand (40 g)
200 g Salatgurke
200 g Rettich
50 g Kirschtomaten
Pfeffer, Salz

Die Brotscheiben mit Halbfettbutter bestreichen und mit Lachsschinken belegen. Salatgurke, Rettich und Kirschtomaten waschen, in Stücke schneiden, mit Pfeffer und Salz bestreuen und zu den Broten essen.

100 kcal zusätzlich: 125 g TK-Erdbeeren, ungezuckert, oder 1 kleine Scheibe Ananas aus der Dose, 0,60 €.

VARIANTE

Statt Rettich 1 großen Bund geputzte, halbierte Radieschen zu den Broten essen.

Donnerstag

FRÜHSTÜCK

1,20 € | 5 Minuten

Erdbeer-Flocken-Müsli

250 g Erdbeeren (frisch oder TK)
2 EL kernige Haferflocken
2 EL fettarme Milch
½ Becher Magermilchjoghurt

Die Erdbeeren abbrausen, putzen und je nach Größe halbieren oder vierteln. TK- Erdbeeren auftauen lassen. Die Früchte mit Haferflocken, Milch und Joghurt mischen.

→ **100 kcal zusätzlich:** 1 Haferkeks, 0,23 €

ZWISCHENMAHLZEIT

Heidelbeerjoghurt, 0,75 €, 5 Minuten

125 g frische Heidelbeeren abbrausen und verlesen (ersatzweise trocken gesäuberte Himbeeren, aufgetaute TK-Beeren oder abgetropfte Beeren aus dem Glas verwenden). ½ Becher Magermilchjoghurt mit 2–3 Tropfen flüssigem Süßstoff cremig rühren und mit den Beeren anrichten.

MITTAGESSEN

1,80 € | 8 Minuten

Orientalischer Linseneintopf

2 EL stückige Tomaten
1 Dose Linseneintopf, orientalisch gewürzt, ersatzweise 1 Dose Linseneintopf, einfach (425 ml)
1 EL TK- Schnittlauch
1 EL Creme zum Verfeinern (20 % Fett)
1 Scheibe Crisp-Knäckebrot

Die Tomatenstücke und die Linsen in einen Topf geben und vermischen. Alles bei schwacher Hitze erwärmen. Den Schnittlauch und die Creme zum Verfei-

EINKAUFSTIPP ABENDESSEN:
Tassensuppen lassen sich an jedem Arbeitsplatz zubereiten und mit getrockneten Gartenkräutern verfeinern. Mit einem Brötchen mit Kräuterfrischkäse sind sie ein superschneller Ersatz für eine warme Mahlzeit.

TIPP
Getrocknete Linsen und auch vorgegarte Linsen aus der Dose enthalten 24 % Eiweiß, etwa 49 % Kohlenhydrate, aber nur 14 % Fett. Ihr hoher Ballaststoffgehalt (bis zu 11%) und auch ihr Mineralstoffgehalt (Eisen, Kalium, Magnesium und Zink) machen sie so gesund.

nern einrühren. Das Knäckebrot dazu essen.

➜ **100 kcal zusätzlich:** 1 EL leicht gehackte Mandelblättchen über den Eintopf streuen, 0,10 €

VARIANTE

Typisch orientalisch: 5 Stiele gehackte Korianderblätter oder etwas Korianderpulver unter den Eintopf rühren.

ZWISCHENMAHLZEIT

Mandarinendessert, 0,53 €, 5 Minuten

1 Mandarine schälen, zerteilen und in kleine Stücke schneiden. Die Mandarinenstücke mit 1 Becher fettarmem Joghurt mischen.

ABENDESSEN
1,20 € | 8 Minuten

Gemüsecreme-suppe

1 Tüte kalorienreduzierte Gemüsecremesuppe, Tassenportion
½ TL TK-Basilikum
1 Scheibe Vollkornbrot
2 TL Halbfettbutter
4 Scheiben Lachsschinken ohne Fettrand (40 g)

1. Die Gemüsecremesuppe nach Packungsanweisung in einem Becher mit kochendem Wasser aufgießen. Basilikum einrühren. Die Suppe kräftig umrühren und 5 Minuten ziehen lassen.
2. Die Brotscheibe mit Halbfettbutter bestreichen und mit Lachsschinken belegen, zur Suppe essen.

➜ **100 kcal zusätzlich:** 1 Haferkeks, 0,23 €

VARIANTE

Statt Basilikum TK- Schnittlauch, TK- Petersilie oder gemischte TK-Kräuter unter die Suppe rühren.

Freitag

FRÜHSTÜCK
0,40 € | 8 Minuten

Kerniges Frühstück

1 EL körniger Frischkäse
4 Tropfen flüssiger Süßstoff
½ Apfel
1 Orange
½ TL Rosinen
1 EL kernige Haferflocken
½ TL Kürbiskerne

1. Frischkäse und Süßstoff verrühren. Apfelstück entkernen und reiben. Orange schälen, in Stücke schneiden. Obst mit Rosinen, Haferflocken und Kürbiskernen auf dem Frischkäse verteilen.
➜ **100 kcal zusätzlich:** 1 Apfel und 1 Scheibe Crisp-Knäckebrot, 0,35

ZWISCHENMAHLZEIT

Grüntee-Molke-Drink, 0,25 €, 5 Minuten

Einen Tee aus 1 Beutel Grüntee und 100 ml kochendem Wasser zubereiten, kalt stellen. 100 g Trinkmolke, etwas Süßstoff und 1 EL Zitronensaft einrühren.

MITTAGESSEN
2,35 € | 15 Minuten

Kabeljaufilet auf Lauchgemüse

180 g vorwiegend fest kochende Kartoffeln
Salz
150 g TK-Lauch mit Rahm, portionierbar
1 Prise geriebene Muskatnuss
1 TK-Kabeljaufilet (160 g), aufgetaut
Pfeffer
1 EL Öl
3 EL Weißwein
1 EL TK-Schnittlauch
100 g Trinkmolke

1. Kartoffeln schälen, große halbieren und mit Salzwasser bedeckt gar kochen. Den Backofen auf 200° vorheizen.
2. Den TK-Lauch in einem Topf bei schwacher Hitze zugedeckt 8 Minuten auftauen lassen, mit etwas Muskatnuss würzen und in eine Auflaufform geben.
3. Den Fisch trocken tupfen, salzen, pfeffern und auf das Gemüse legen. Mit Öl und Weißwein beträufeln.
4. Die Form mit Alufolie verschließen, in den vorgeheizten Backofen (Mitte, Umluft 180°) setzen und das Gericht

EINKAUFSTIPP MITTAGESSEN:
Statt TK-Kabeljaufilet Rotbarsch- oder Seelachsfilets kaufen. Diese Fischsorten gibt es tiefgefroren und aus Klarsichtpackungen einzeln entnehmbar. Frisch gibt es sie häufig als Sonderangebot an der Fischtheke.

10–12 Minuten garen. Den Auflauf mit Schnittlauch bestreuen und mit den Salzkartoffeln essen. Die Molke dazu trinken.
➜ **100 kcal zusätzlich:** 1 Birne, 0,40 €

ZWISCHENMAHLZEIT

Gewürzter Frischkäse mit Schnittlauch, 0,30 €, 3 Minuten

70 g körnigen Frischkäse mit 1 TL TK-Schnittlauch, Salz und Pfeffer verrühren und 1 Scheibe Crisp-Knäckebrot dazu essen.

ABENDESSEN
0,70 € | 5 Minuten

Käsebrot

1 Scheibe Vollkornbrot
1 TL Halbfettbutter
2 Scheiben fettreduzierter Gouda (60 g)
½ TL gemischte TK-Kräuter
½ Apfel
1 Glas Tomatensaft (200 ml)

Die Brotscheibe mit Halbfettbutter bestreichen. Die Käsescheiben streifig schneiden und auf der Brotscheibe verteilen. Kräuter obenauf streuen. Den Apfel halbieren und dazu essen. Den Tomatensaft dazu trinken.
➜ **100 kcal zusätzlich:** ½ Scheibe Vollkornbrot mit ½ TL Halbfettbutter bestreichen. Dazu 1 Glas Tomatensaft (200 ml) trinken. 0,25 €

VARIANTE

Den Apfel in dünne Spalten schneiden und auf der Brotscheibe verteilen. Kräuter darüberstreuen, Käsescheiben darauf legen und das Brot 3 Minuten unter dem vorgeheizten Grill überbacken, bis der Käse leicht zerläuft.

Samstag

FRÜHSTÜCK
0,70 € | 8 Minuten

Rühréi-Tomaten-Brot

1 Ei (Kl. M)
2 EL kohlensäurehaltiges Mineralwasser
Salz, Pfeffer
100 g Kirschtomaten
1 TL TK-Schnittlauch
1 Scheibe Vollkornbrot
100 g Trinkmolke

1. Ei mit Mineralwasser, Salz und Pfeffer verquirlen. Kirschtomaten vierteln, in einer Pfanne ohne Fett dünsten.
2. Eimasse zufügen, stocken lassen. Ei mit Schnittlauch bestreuen, auf die Brotscheibe geben. Molke dazu trinken.
→ **100 kcal zusätzlich:** 1 Ei und 50 g Kirschtomaten mit zubereiten, 0,40 €

ZWISCHENMAHLZEIT

Zucchinisalat, 1,00 €, 10 Minuten

50 g Kirschtomatenviertel, je 200 g feine Zucchini- und Rettichscheiben und 1 TL TK-Kräuter mit 2 EL Essig, Salz, Pfeffer und 1 TL Öl anmachen.

MITTAGESSEN
1,75 € | 15 Minuten

Steakstreifen in Majoransahne

1 EL TK-Zwiebelwürfel
100 ml Instant-Gemüsebrühe
100 ml Creme zum Verfeinern (20 % Fett)
Salz, Pfeffer
½ TL getrockneter Majoran
2 Minutensteaks (je 80 g)
1 TL Öl
⅓ Beutel Kartoffelpüreepulver (komplett mit Milch)
100 ml Tomatensaft

1. Die Zwiebeln mit der Brühe in einer Pfanne bei schwacher Hitze glasig wer-

EINKAUFSTIPP MITTAGESSEN:
Minutensteaks werden aus der Keule (Kluft) geschnitten. Wenn Sie in der Frischetheke nur Großpackungen finden, können Sie übrige Steaks einzeln flach in Gefrierbeutel legen, gut verschließen und einfrieren.

TIPP
Majoran enthält ätherische Öle und macht fetthaltige Speisen besser verdaulich. Statt 1/2 TL getrocknetem Majoran 6 bis 8 frische Kräuterblättchen zu den Steakstreifen geben, jedoch erst zu Ende der Garzeit, sonst verlieren sie an Aroma.

den lassen. Creme zum Verfeinern einrühren, salzen und pfeffern. Majoran einrühren und alles 3–4 Minuten offen schwach köcheln lassen.
2. Die Steaks in Streifen schneiden und mit dem Öl mischen. In der trockenen Pfanne unter Wenden 3 Minuten braten, salzen und pfeffern. Das Kartoffelpüreepulver nach Packungsanleitung mit 170 ml kochend heißem Wasser zubereiten. Mit Fleisch und Sauce servieren, Tomatensaft dazu trinken.
→ **100 kcal zusätzlich:** 150 g gedünstete TK-Bohnen mit 1 EL Halbfettbutter verfeinern und als Beilage essen. 0,65 €

ZWISCHENMAHLZEIT
1 Haferkeks, 0,23 €

ABENDESSEN
€ 0,90 € | 12 Minuten

Käsegemüse

1 Scheibe fettreduzierter Gouda (30 g)
1 Möhre
1 Frühlingszwiebel
30 g Zuckerschoten
1 EL Halbfettbutter
50 g TK-Rahmspinat, portionierbar
Pfeffer
1 kleines Weizenbrötchen (30 g)

1. Käse grob würfeln. Gemüse putzen, waschen, in Stücke schneiden. Halbfettbutter erhitzen, Gemüse darin wenden.
2. Rahmspinat zugeben, pfeffern. Alles zugedeckt 5 Minuten bei schwacher Hitze garen. Käse unterheben, schmelzen lassen. Das Brötchen dazu essen.
→ **100 kcal zusätzlich:** 200 ml ungesüßter Ananassaft, 0,22 €

VARIANTE
Gedünstetes Gemüse in eine Auflaufform geben, die Käsewürfel darüberstreuen. Alles 5–10 Minuten im 200° heißen Ofen überbacken, bis der Käse eine schöne Kruste gebildet hat.

Einkaufstipps für Sparfüchse

DIE CLEVERE EINKAUFSSTRATEGIE

Vor Diätstart einen Großeinkauf für die haltbaren Produkte, einen zweiten Gang für die frischen Lebensmittel planen. Gliedern Sie Ihre Einkaufszettel nach den Abteilungen im Supermarkt oder kopieren Sie die Vorrats- und Einkaufslisten aus diesem Buch und nehmen Sie sie zum Einkaufen einfach mit.

GEMÜSE FIX GAREN

Je feiner Sie Gemüse schneiden, umso kürzer ist die Garzeit. Um die eingesparte Zeit nicht mit aufwändigem Schnippeln zu verbringen, können Sie Möhren, Kohlrabi, Spargel und Co. ganz einfach mit dem Sparschäler oder auf dem Gemüsehobel in dünne, attraktive Streifen oder Stifte schneiden.

ZARTE BLATTSALATE FÜR DEN VORRAT

Blattsalat waschen kostet etwas Zeit. So machen Sie es sich einfacher: einen großen Salatkopf auf Vorrat waschen und trockenschleudern. Salatblätter, die Sie nicht sofort verbrauchen, in einen Gefrierbeutel oder eine Dose füllen; sie halten sich 2 bis 3 Tage im Gemüsefach des Kühlschranks frisch.

KÜCHENFERTIGE KRÄUTER

Mit frischen oder getrockneten Kräutern lassen sich fettarme Gerichte köstlich verfeinern. Entweder die Kräuter im Blumentopf auf der Fensterbank ziehen, so verfügt man immer über einen frischen Vorrat. Oder für Eilige: bereits gehackte TK-Kräuter oder gefriergetrocknete Kräuter auf Vorrat einkaufen.

Mit gezieltem Einkauf und bewusster Vorratshaltung sparen Sie auf der ganzen Linie: Zeit, Geld, Nerven und Kalorien. Vor Beginn der Mini-Max-Diät sollten Sie Ihre Vorräte genau prüfen. Werfen Sie alle Lebensmittel mit abgelaufenem Haltbarkeitsdatum weg und verschenken Sie verführerische Kalorienbomben an Freunde ohne Figurprobleme.

PORTIONIERBARES GEMÜSE

TK-Gemüse ist vitaminreich, praktisch und schnell zubereitet. Doch seit einiger Zeit geht's noch schneller: Rahmspinat, Rotkohl und Co. werden in Ministücken eingefroren angeboten, so dass sich jederzeit auch kleinste Portionen entnehmen lassen – eine echte Bereicherung für Single- und Diäthaushalte!

ZITRONENSAFT

Preiswerte Zitronen gibt es oft nur zu viert oder mehr im Netz zu kaufen. Wer also Geld und Zeit sparen möchte, presst alle Zitronen aus und füllt den Saft in eine sehr gründlich gesäuberte, gut verschließbare Flasche. Diese im Kühlschrank aufbewahren und den Saft nach Bedarf entnehmen.

FRISCHE NUDELN AUS DEM KÜHLREGAL

Ein echter Zeitsparer sind frische Nudeln aus dem Kühlregal, denn sie sind schon nach 1–2 Minuten Kochzeit gar. Wer lieber getrocknete Hartweizennudeln isst, diese auf Vorrat kochen, gut abtropfen lassen und in einer fest verschlossenen Schüssel im Kühlschrank 3 bis 4 Tage aufbewahren.

INSTANTGETREIDE

Ohne langes Kochen gelingen auch Instantreis, Convenience-Reis, vorgegarter Weizen, Instantcouscous und Instantbulgur. Sie finden sie im gut sortierten Supermarkt oder auch im Bioladen. Probieren Sie die einzelnen Sorten doch einfach einmal aus und entdecken Sie Ihre fixe Lieblingsbeilage!

Endspurt oder alles auf Anfang? Haben Sie Ihr persönliches Wohlfühlgewicht fast erreicht, ist dies Ihre letzte Diätwoche. Könnten noch ein paar Pfunde runter, beginnen Sie die Diät doch einfach noch einmal von vorn und hängen noch ein bis zwei Wochen dran!

3. WOCHE

EINKAUFSLISTE FÜR DIE 3. WOCHE

FRISCHES OBST UND GEMÜSE

3 Äpfel (je 150 g)
1 Pfirsich (125 g)
1 Grapefruit (250 g)
1 Banane (150 g)
1 Orange (150 g)
150 g weiße oder blaue Weintrauben
2 rote oder grüne Paprikaschoten (je 200 g)
100 g kleine Champignons
5 Chicoréestauden (je 100 g)
1 Bund Radieschen (80 g)
1 kleine Salatgurke (250 g)
1 Frühlingszwiebel
1 Fenchelknolle mit Grün (300 g)

KÜHLTHEKE

50 g Romadur-Käse, 30 % F.i.Tr.
1 kleiner Becher probiotischer ACE-Fitnessdrink (125 g)
1 Packung Magerquark (250 g)
1 Becher Vollmilchjoghurt, 3,5 % Fett (150 g)
1 Becher fettarmer Joghurt, 1,5 % Fett (150 g)
1 Becher Magermilchjoghurt, 0,3 % Fett (150 g)
1 Packung kalorienreduzierter Gemüsesalat mit Krabben (150 g)
1 Packung kalorienreduzierter Farmersalat (200 g)
1 Becher Trinkmolke (500 g)

TIEFKÜHLPRODUKTE

550 g TK-Brokkoliröschen
1 Packung TK-Hühnersuppentopf (600 g)
400 g gemischtes TK-Gemüse ohne Butter (z.B. eine Mischung aus Möhren, Brokkoli, Blumenkohl, Bohnen, Spargel und anderen kalorienarmen Gemüsesorten)

HALTBARE PRODUKTE

1 Dose oder 1 Glas Fruchtcocktail (250 g Abtropfgewicht)
1 Glas Kürbisfleisch in Würfeln (400 g Abtropfgewicht)

BROT UND GEBÄCK

1 Roggenbrötchen (45 g)
1 Paket Vollkornbrot mit 10 Scheiben (500 g)

FRISCHE WURST- UND FLEISCHWAREN

2 Scheiben geräucherte Putenbrust (je 30 g)
3 Scheiben Parmaschinken (35 g)
2 Scheiben Lachsschinken ohne Fettrand (je 10 g)
2 Scheiben Roastbeef-Aufschnitt (je 30 g)
140 g Putenschnitzel
130 g Hähnchenbrustfilet

SONSTIGES

1 Ei (Kl. M)

AUS DEM VORRAT

siehe gesamte Vorratsliste

Sonntag

FRÜHSTÜCK

0,50 € | 5 Minuten

Apfel-Pfirsich-Salat mit Rosinen

1 Apfel
1 Pfirsich
1 EL Rosinen
1 EL Zitronensaft
1 TL Honig
1 TL Zimtpulver

Den Apfel vierteln, entkernen und würfeln. Den Pfirsich halbieren, entsteinen und in Stücke schneiden. Mit den Apfelstücken, den Rosinen, dem Zitronensaft, dem Honig und dem Zimt mischen.
→ **100 kcal zusätzlich:** 1 Pfirsich und 1 Apfel, 0,55 €

ZWISCHENMAHLZEIT

Knäckebrot und Kräutermolke,
0,75 €, 5 Minuten

1 Scheibe Knäckebrot mit 1 TL Halbfettbutter bestreichen. 200 g Trinkmolke und 2 EL TK-Petersilie verrühren, mit Salz und Pfeffer würzen und zum Knäckebrot trinken.

MITTAGESSEN

1,90 € | 18 Minuten

Brokkoli-Kartoffel-Auflauf

250 g vorwiegend fest kochende Kartoffeln
Salz
250 g TK-Brokkoliröschen
50 g Romadur-Käse (30 % F.i.Tr.)
100 g stückige Tomaten
Pfeffer
100 ml fettarme Milch
1 Ei (Kl. M)
1 Prise geriebene Muskatnuss

1. Backofen auf 200° vorheizen. Kartoffeln schälen, in Scheiben schneiden, mit gesalzenem Wasser bedeckt 5 Minuten garen. Brokkoliröschen zugeben, alles

TIPP

Statt TK-Brokkoliröschen können Sie auch ein anderes TK-Rohgemüse verwenden, z. B. Rosenkohlröschen, Möhren, Brechbohnen oder auch eine Mischung dieser Gemüsesorten. Dann jedoch nicht mit Muskatnuss würzen.

EINKAUFSTIPP MITTAGESSEN:
Romadur ist ein Weichkäse mit Rotschmiere. Seine Rinde ist gelb-rötlich, darunter ist er weiß-gelb. Er schmeckt je nach Reifegrad mild bis leicht pikant. Statt Romadur können Sie auch Limburger mit 30 % F.i.Tr. kaufen.

weitere 3 Minuten garen. Dann abgießen und abtropfen lassen.

2. Käse mit Rinde würfeln. Kartoffeln, Brokkoli und Tomatenstücke pfeffern, salzen, mit Käse vermischen und in eine Auflaufform geben.

3. Milch, Ei, Salz und Muskatnuss verquirlen, über die Gemüse-Kartoffel-Mischung gießen und alles im Backofen (Mitte, Umluft 180°) 18 Minuten garen.

➜ **100 kcal zusätzlich:** 1 Apfel, 0,30 €

ZWISCHENMAHLZEIT

Fruchtsalat, 0,50 €, 3 Minuten

125 g Frucht-Cocktail aus der Dose mit 1 TL Mandelblättchen bestreuen.

ABENDESSEN

1,75 € | 5 Minuten

Hühnersuppentopf mit Petersilie

1 Packg. TK-Hühnersuppentopf (600 g)
2 EL TK-Petersilie

Den ungeöffneten Kochbeutel in einen Topf mit reichlich kochendem Wasser legen, den Hühnersuppentopf 20 Minuten leicht kochen lassen. Dann den Beutel herausnehmen, aufschneiden und die Suppe in eine kleine, vorgewärmte Terrine füllen. Die Petersilie darüberstreuen oder unterrühren.

➜ **100 kcal zusätzlich:** 30 g (Rohgewicht) Parboiled-Reis garen und unter den Eintopf mischen, 0,20 €

VARIANTE

Wenn Sie keinen TK-Hühnersuppentopf bekommen, können Sie stattdessen 1 Dose Hühnersuppentopf oder Hühnernudeltopf aus dem Sortiment der 1-Portionen-Eintöpfe mit etwa 400 ml Inhalt erhitzen und mit Petersilie verfeinert servieren.

Montag

FRÜHSTÜCK

0,80 € | 5 Minuten

Frischkäse-Paprika-Brötchen

1 Roggenbrötchen
1 EL kalorienreduzierter Kräuterfrischkäse (8 % Fett)
Pfeffer
1 rote oder grüne Paprikaschote
1 EL gemischte TK-Kräuter

Brötchen aufschneiden. Untere Hälfte mit Frischkäse bestreichen, pfeffern. Paprikaschote streifig schneiden, mit Kräutern auf der Brötchenhälfte verteilen. Obere Brötchenhälfte aufsetzen.
→ **100 kcal zusätzlich:** 1 Paprikaschote, 1 Tomate oder 1 Kohlrabi, ca. 0,80 €

ZWISCHENMAHLZEIT

Chicorée-Grapefruit-Salat,
0,85 €, 5 Minuten

1 Chicoréestaude streifig schneiden. Mit dem Fruchtfleisch von ½ Grapefruit vermischen. ½ Becher Magermilchjoghurt, 1 TL Zitronensaft, 1 Msp. Senf, Salz und Pfeffer unterrühren.

MITTAGESSEN

2,20 € | 15 Minuten

Putenstreifen mit Brokkoli

30 g Parboiled-Reis (Rohgewicht)
300 g TK- Brokkoliröschen
50 g kleine Champignons
125 g Putenschnitzel
3 TL ÖL
Salz, Pfeffer
edelsüßes Paprikapulver
4 EL heiße Gemüsebrühe mit Kräutern
½ Grapefruit

1. Reis und Brokkoli getrennt nach Packungsanweisung garen. Beides abgießen, gut abtropfen lassen und warm stellen. Die Champignons putzen und halbieren.

EINKAUFSTIPP ABENDESSEN:

Leichter Brotaufstrich mit Joghurt enthält Sahne, viel Joghurt, wenig Fett und keine Konservierungsstoffe. Er eignet sich bestens als leichter Buttterersatz und schmeckt auch köstlich mit Schnittkäse oder Konfitüre.

KÜCHENTIPP MITTAGESSEN

Die Putenstreifen nach dem Würzen in 1 TL Sesamsamen (5 g) wenden und braten. Das bringt etwa 27 Kalorien mehr auf den Teller.

2. Das Putenschnitzel quer zur Faser in fingerdicke Streifen schneiden, mit 1 TL Öl mischen, mit Salz, Pfeffer und Paprikapulver würzen. Die Fleischstreifen in einer beschichteten Pfanne bei mittlerer Hitze rundum etwa 3 Minuten braten, herausnehmen und warm stellen.
3. Restliches Öl und die Pilze in die Pfanne geben, kurz dünsten. Die Gemüsebrühe zugeben, salzen und pfeffern.
4. Brokkoliröschen unterheben. Gemüse mit Fleischstreifen und Reis anrichten. Aus der Grapefruit die Fruchtstücke herauslösen und als Dessert essen.
➜ **100 kcal zusätzlich:** 30 g Parboiled-Reis (Rohgewicht) zusätzlich garen, 0,20 €

ZWISCHENMAHLZEIT

125 ml probiotischer ACE-Fitnessdrink, 0,30 €

ABENDESSEN

€ 1,75 € | 8 Minuten

Fitness-Knäckebrot

4 Scheiben Knäckebrot
1 EL leichter Brotaufstrich mit Joghurt (15 % Fett)
2 Scheiben geräucherte Putenbrust (je 30 g)
1 Bund Radieschen
200 g Salatgurke
½ TL TK-Schnittlauch
Pfeffer

1. Die Knäckebrotscheiben mit dem leichten Brotaufstrich bestreichen und mit den halbierten Putenbrustscheiben belegen.
2. Radieschen und Gurke in dünne Scheiben oder Stücke schneiden. Mit Schnittlauch bestreuen, mit Pfeffer würzen und zum Knäckebrot essen.
➜ **100 kcal zusätzlich:** 1 Scheibe Knäckebrot mit 1 TL leichtem Brotaufstrich mit Joghurt (15 % Fett) bestreichen und mit 1 Scheibe geräucherter Putenbrust belegen, 0,50 €

Dienstag

FRÜHSTÜCK

1,15 € | 5 Minuten

Vollkornbrot mit Parmaschinken

1 Scheibe Vollkornbrot
1 TL Halbfettbutter
3 Scheiben Parmaschinken (35 g)
Pfeffer

Die Brotscheibe mit Halbfettbutter bestreichen. Vom Parmaschinken den Fettrand entfernen. Das Brot mit den Parmaschinkenscheiben belegen und mit Pfeffer bestreuen.

➜ **100 kcal zusätzlich:** 2 Kiwis, 0,38 €

ZWISCHENMAHLZEIT

Knäckebrot mit Fruchtquark, 0,25 €, 5 Minuten

2 EL Magerquark, 2 TL kohlensäurehaltiges Mineralwasser und 2 TL kalorienreduzierten Fruchtaufstrich verrühren. Den Fruchtquark gleichmäßig auf 1 Scheibe Knäckebrot verteilen.

MITTAGESSEN

1,55 € | 15 Minuten

Kürbisreis mit Frühlingszwiebel

1 Packung Convenience-Reis (125 g)
200 g eingelegter Kürbis mit 4 EL Einlegeflüssigkeit
1 Frühlingszwiebel
1 EL Halbfettbutter
1 EL TK-Zwiebelwürfel
6 EL Instant-Gemüsebrühe mit Kräutern
6 EL trockener Weißwein
2 EL Creme zum Verfeinern (20 % Fett)
Pfeffer
1 Prise geriebene Muskatnuss
2–3 Tropfen flüssiger Süßstoff

1. Reis nach Packungsanweisung garen und warm stellen. Abgetropfte Kürbisfleischwürfel klein schneiden. Frühlingszwiebel in Ringe schneiden. Halbfett-

KÜCHENTIPP

Wenn es besonders fix gehen muss, statt der Frühlingszwiebel 3 EL TK-Schnittlauch verwenden.

EINKAUFSTIPP MITTAGESSEN: Kürbiswürfel finden Sie im Supermarkt bei den Sauerkonserven. Die süßsauer eingelegten Würfel schmecken auch köstlich kalt zum Käsebrot. Kürbisreste mit Flüssigkeit bedeckt im Kühlschrank aufbewahren.

butter und TK-Zwiebelwürfel in einem Topf erhitzen, Brühe, Wein und Creme zum Verfeinern zugeben.
2. Alles 3 Minuten köcheln lassen, dann die Kürbiswürfel mit der Einlegeflüssigkeit zufügen. Mit Gewürzen und Süßstoff abschmecken. Den Reis und die in dünne Ringe geschnittene rohe Frühlingszwiebel unterheben.
➜ **100 kcal zusätzlich:** 1 Apfel, 0,30 €

ZWISCHENMAHLZEIT

1 Haferkeks, 0,23 €

ABENDESSEN

€ 1,10 € | 10 Minuten

Gefüllte Paprikaschote

1 rote oder grüne Paprikaschote (200 g)
1 EL TK-Zwiebelwürfel
2 EL Maiskörner aus der Dose
1 EL TK-Petersilie
1 EL leichter Brotaufstrich mit Joghurt (15 % Fett)
Salz, Pfeffer
edelsüßes Paprikapulver
1 Scheibe Vollkornbrot
1 TL Halbfettbutter

1. Paprikaschote halbieren, putzen und waschen. Eine Hälfte würfeln, mit Zwiebelwürfeln, Maiskörnern, Petersilie und dem leichten Brotaufstrich, Salz, Pfeffer und Paprikapulver mischen.
2. Die Gemüsemischung in die zweite Paprikahälfte füllen. Die Brotscheibe mit Halbfettbutter bestreichen und zur Paprikahälfte essen.
➜ **100 kcal zusätzlich:** 1 Scheibe Vollkornbrot mit 1 TL leichtem Brotaufstrich mit Joghurt (15 % Fett) bestreichen, 0,15 €

Mittwoch

FRÜHSTÜCK

1,00 € | 4 Minuten

Müsli mit Mandeln und Zimt

½ Becher Magermilchjoghurt
1 EL kernige Haferflocken
125 g Fruchtcocktail, abgetropft
1 TL Mandelblättchen
1 Prise Zimtpulver

Den Joghurt mit den Haferflocken verrühren. Den Fruchtcocktail darauf verteilen und die Mandelblättchen überstreuen. Das Müsli mit Zimt bestäuben.
➜ **100 kcal zusätzlich:** 1 Orange und 1 frische Feige, 0,70 €

VARIANTE

Statt Fruchtcocktail 1 Apfel und 1 Clementine in Stücken zum Müsli geben.

ZWISCHENMAHLZEIT

Kräuter-Vollkornbrot, 0,20 €, 5 Minuten

1 Scheibe Vollkornbrot mit 1 TL Halbfettbutter bestreichen und mit 1 TL gemischten TK-Kräutern bestreuen.

MITTAGESSEN

1,70 € | 15 Minuten

Hähnchenbrust mit Rahmspinatsauce

180 g vorwiegend fest kochende Kartoffeln
Salz
130 g Hähnchenbrustfilet
Pfeffer
edelsüßes Paprikapulver
1 EL Öl
3 EL Instant-Gemüsebrühe mit Kräutern
1 TL TK-Zwiebelwürfel
100 g TK-Rahmspinat, portionierbar
2 EL trockener Weißwein
1 Prise geriebene Muskatnuss

EINKAUFSTIPP MITTAGESSEN:
Wer kein frisches Hähnchenbrustfilet bekommt, kann stattdessen auch 1 Hähnchenschenkel ohne Haut, 130 g Putenschnitzel oder mageres Schweineschnitzel kaufen.

TIPP
Hähnchenbrustfilet mit etwas Knoblauch und Basilikum verfeinern.

1. Die Kartoffeln schälen und in einem Topf mit Salzwasser bedeckt gar kochen. Hähnchenbrustfilet mit Salz, Pfeffer und Paprikapulver würzen. Öl in einer beschichteten Pfanne erhitzen, Hähnchenfleisch darin bei mittlerer Hitze beidseitig anbraten.
2. Gemüsebrühe zugeben, das Fleisch zugedeckt bei schwacher Hitze 6–8 Minuten dünsten. Herausnehmen und in Alufolie gewickelt warm stellen.
3. Die Zwiebeln im Bratfond glasig dünsten, Spinat und Weißwein zugeben und bei schwacher Hitze kochen. Mit Salz, Pfeffer und Muskatnuss abschmecken. Das Hähnchenbrustfilet schräg in Scheiben schneiden, mit der Spinatsauce und den Kartoffeln essen.
➜ **100 kcal zusätzlich:** 1 Birne oder 1 Banane, 0,65 €

ZWISCHENMAHLZEIT
1 Vollmilchjoghurt, 0,16 €

ABENDESSEN
0,70 € | 5 Minuten

Ei-Brote mit Schnittlauch

1 Ei (Kl. M)
2 Scheiben Vollkornbrot
1 TL Tomatenmark
1 EL leichter Brotaufstrich mit Joghurt (15 % Fett)
1 TL TK-Schnittlauch

Das Ei hart kochen, pellen und in Scheiben schneiden. Brotscheiben toasten. Eine Brotscheibe mit Tomatenmark, die zweite Brotscheibe mit dem leichten Brotaufstrich bestreichen. Eischeiben auf dem Tomatenmark verteilen, Brote mit Schnittlauch bestreuen.
➜ **100 kcal zusätzlich:** 150 g TK-Beeren mit 2–3 Tropfen flüssigem Süßstoff mischen. 1 Scheibe Crisp-Knäckebrot mit 1 TL Halbfettbutter bestreichen und zu den Beeren geniessen. 1,00 €

VARIANTE
Brote mit pochiertem Ei: Das Ei in reichlich Salzwasser mit 1–2 EL Essig pochieren und zu den Broten essen.

Donnerstag

FRÜHSTÜCK
0,65 € | 5 Minuten

Kräuterbrot mit Gurke

1 Scheibe Vollkornbrot
50 g Salatgurke
1 EL leichter Brotaufstrich mit Joghurt (15 % Fett)
2 TL TK-Dill
Salz, Pfeffer
1 Glas Tomatensaft (200 ml)

1. Die Brotscheibe leicht toasten. Die Salatgurke waschen und in Stücke schneiden.
2. Die lauwarme Brotscheibe mit dem leichten Brotaufstrich bestreichen. Die Gurkenstücke mit Dill bestreuen, etwas salzen und pfeffern und zum Brot essen. Den Tomatensaft dazu trinken.
→100 kcal zusätzlich:
1 Scheibe Crisp-Knäckebrot mit 1 TL leichtem Brotaufstrich bestreichen.
1 Kiwi dazu essen, 0,35 €

ZWISCHENMAHLZEIT
1 Apfel, 0,22 €

MITTAGESSEN
2,10 € | 15 Minuten

Gemüse-curry

60 g Parboiled-Reis (Rohgewicht)
1 TL Mandelblättchen
1 EL Öl
1 EL TK-Zwiebelwürfel
400 g gemischtes TK- Gemüse (z.B. Möhren, Brokkoli, Blumenkohl)
⅛ l Instant-Gemüsebrühe
1 EL Creme zum Verfeinern (20 % Fett)
1 TL Currypulver
Salz, Pfeffer

1. Den Reis nach Packungsanweisung garen und warm stellen. Die Mandelblättchen in einer beschichteten Pfanne ohne Fett unter Wenden hellgelb rösten, auf einen Teller geben und abkühlen lassen.

KÜCHENTIPP
Den heißen Reis mit dem Gemüse mischen. Die Mandelblättchen obenauf streuen.

EINKAUFSTIPP MITTAGESSEN: Folgende Curryvarianten gibt es in speziellen Gewürzgeschäften oder im Asiashop: „Indischer Curry" schmeckt fruchtig-mild, „Madras-Curry" ist aromatisch-mild und „Bombay-Curry" schmeckt würzig-scharf.

2. Das Öl in einer beschichteten Pfanne erhitzen. Die Zwiebelwürfel darin glasig werden lassen. Das TK-Gemüse, die Gemüsebrühe, Creme zum Verfeinern und das Currypulver zugeben, salzen und pfeffern.

3. Das Gericht 8–10 Minuten zugedeckt bei mittlerer Hitze dünsten. Die Mandelblättchen mit dem Reis mischen und zum Gemüse essen.

➜ **100 kcal zusätzlich:** 1 Becher fettarmer Joghurt, 0,16 €

ZWISCHENMAHLZEIT

150 g Weintrauben, 0,45 €

ABENDESSEN

2,00 € | 8 Minuten

Gemüsesalat mit Krabben

50 g Kirschtomaten
2 TL Kondensmilch
150 g kalorienreduzierter Gemüsesalat mit Krabben
1 Scheibe Knäckebrot
1 TL Halbfettbutter

Die Kirschtomaten waschen, würfeln und mit der Kondensmilch unter den Gemüsesalat heben. Die Knäckebrotscheibe mit Halbfettbutter bestreichen und zum Salat essen.

➜ **100 kcal zusätzlich:** 150 g TK-Beerenmischung mit 2–3 Tropfen flüssigem Süßstoff mischen. 1 Scheibe Knäckebrot mit 1 TL Halbfettbutter bestreichen und zu den Beeren essen. 0,95 €

VARIANTE

Statt Kirschtomaten ungeschälte, grob geraspelte Salatgurke oder Zucchini, fein geraspelte Möhren oder abgetropfte Wachsbohnen aus der Dose unter den Gemüsesalat heben.

Freitag

FRÜHSTÜCK

0,85 € | 8 Minuten

Schinkenknäckebrot mit Dillquark

100 g Magerquark
1 EL kohlensäurehaltiges Mineralwasser
2 EL Kondensmilch
2 TL TK-Dill
Salz, Pfeffer
edelsüßes Paprikapulver
2 Scheiben Lachsschinken ohne Fettrand
1 Scheibe Knäckebrot

Magerquark, Mineralwasser, Kondensmilch, Dill und Gewürze verrühren. Den Lachsschinken auf dem Knäckebrot verteilen und den Dillquark dazu essen.
→ **100 kcal zusätzlich:** 1 Orange, 0,60 €

ZWISCHENMAHLZEIT

Knäckebrote süß und pikant, 0,50 €, 5 Minuten

1 Scheibe Knäckebrot mit 2 EL kalorienreduziertem Frischkäse (8 % Fett), eine weitere Scheibe Knäckebrot mit 2 TL kalorienreduziertem Fruchtaufstrich bestreichen.

MITTAGESSEN

2,30 € | 15 Minuten

Kabeljaufilet auf Fenchel

180 g vorwiegend fest kochende Kartoffeln
Salz
300 g Fenchelknolle mit Grün
2 TL Halbfettbutter
Pfeffer
2 EL Zitronensaft
6 EL heiße Instant-Gemüsebrühe
5 EL Creme zum Verfeinern (20 % Fett)
160 g TK-Kabeljaufilet, aufgetaut

1. Die Kartoffeln schälen und mit Salzwasser bedeckt gar kochen. Den Backofen auf 200° vorheizen.

EINKAUFSTIPP MITTAGESSEN:
Fenchelknollen müssen fest, hell und ohne braune Druckstellen sein. Je heller die Knolle, desto zarter sind die Blätter. Frische Fenchelknollen erkennt man auch an den noch feuchten Schnittstellen am Strunk.

2. Fenchel waschen, vierteln und in dünne Spalten schneiden. Fenchelgrün beiseite legen. Halbfettbutter in einer beschichteten Pfanne zerlassen, Fenchelstreifen darin glasig dünsten, salzen und pfeffern. Zitronensaft, Gemüsebrühe und Creme zum Verfeinern einrühren.
3. Das Gemüse in eine Auflaufform geben. Den Fisch trocken tupfen, beidseitig salzen und pfeffern und auf das Gemüse setzen. Die Form mit Alufolie verschließen, das Gericht im Backofen (Mitte, Umluft 180°) 12 Minuten garen. Vor dem Servieren die Folie entfernen und das gehackte Fenchelgrün über das Gericht streuen. Die Salzkartoffeln dazu essen.
➜ **100 kcal zusätzlich:** 125 g Weintrauben, 0,49 €

VARIANTEN
Statt Fenchel Zucchini oder Möhren mit dem Fisch zubereiten. Statt Fenchelgrün fein gehackte Petersilie darüberstreuen.

ZWISCHENMAHLZEIT
200 ml ACE-Vitamingetränk und 2 Scheiben Crisp-Knäckebrot, 0,20 €

ABENDESSEN
€ 2,00 € | 8 Minuten

Roastbeefbrot und Farmersalat

1 Scheibe Vollkornbrot
2 TL Halbfettbutter
2 Scheiben Roastbeefaufschnitt (je 30 g)
50 g kalorienreduzierter Farmersalat

Die Brotscheibe mit Halbfettbutter bestreichen und halbieren. Eine Hälfte mit Roastbeef belegen, die andere Hälfte zum Farmersalat essen.
➜ **100 kcal zusätzlich:** 1 Scheibe Knäckebrot mit 1 TL Halbfettbutter bestreichen und mit 1 Scheibe Roastbeefaufschnitt belegen. 1,10 €

VARIANTE
Wer lieber fleischlos isst: Die Vollkornbrotscheibe toasten, mit Halbfettbutter bestreichen, halbieren und eine Hälfte mit 1 Scheibe fettreduziertem Goudakäse (30 % F.i.Tr.) belegen. Die andere Scheibenhälfte darauf legen und das Sandwich zum Farmersalat essen.

Samstag

FRÜHSTÜCK

€ 0,45 € · 8 Minuten

Apfel-Möhren-Müsli

1 Apfel
1 Möhre
1 Becher fettarmer Joghurt
1 EL kernige Haferflocken
1–2 Tropfen flüssiger Süßstoff

Apfel vierteln, entkernen und fein würfeln, Möhre schälen und grob raspeln. Alle Zutaten vermischen und mit Süßstoff abschmecken.
→ **100 kcal zusätzlich:** 200 g Möhren und 1 kleiner Apfel, 0,30 €

KÜCHENTIPP

Junge Möhren nicht schälen, sondern nur unter kaltem Wasser abreiben.

ZWISCHENMAHLZEIT

Farmersalat, 1,15 €, 3 Minuten

150 g kalorienreduzierten Farmersalat mit ½ TL TK-Schnittlauch vermischen oder Schnittlauch darüberstreuen.
1 Scheibe Crisp-Knäckebrot dazu essen.

MITTAGESSEN

€ 2,10 € · 15 Minuten

Kartoffel-Kürbis-Suppe

300 g vorwiegend fest kochende Kartoffeln
1 EL Öl
1 EL TK-Zwiebelwürfel
¼ l heiße Instant-Gemüsebrühe
200 g eingelegter Kürbis
Salz, Pfeffer
2 Tropfen flüssiger Süßstoff
1 Prise Zimtpulver
150 g Trinkmolke
2 TL TK-Petersilie
2 TL Croûtons mit Sonnenblumenkernen

1. Kartoffeln schälen, klein würfeln. Das Öl in einem Topf erhitzen, Kartoffel- und Zwiebelwürfel darin glasig werden lassen. Gemüsebrühe zugießen und alles zugedeckt 10–12 Minuten garen.
2. Die Kürbisstücke kleiner schneiden (1–2 Esslöffel beiseite stellen), zu den Kartoffeln geben und mit Salz, Pfeffer, Süßstoff und Zimt würzen.
3. Die Trinkmolke zugießen und alles mit dem Pürierstab zerkleinern. Die restlichen Kürbisstücke zufügen und die

EINKAUFSTIPP ABENDESSEN: Chicoréestauden sollten fest verschlossen, die Blätter weiß und die Blattspitzen gelb sein. Grüne Blätter sind ein Zeichen für zu viel Bitterstoffe. Roter Chicorée ist eine Kreuzung aus Radicchio und Chicorée.

Suppe noch 1 Minute erhitzen. Die Petersilie einrühren und die Croûtons über die Suppe streuen.

→ **100 kcal zusätzlich:** 1 Scheibe Knäckebrot mit 1 TL Halbfettbutter bestreichen, 0,06 €

VARIANTEN

Statt TK-Petersilie frische, grob gehackte Minzeblätter in die Suppe geben. Zusätzlich 1 EL stückige Tomaten einrühren. Gemahlener Ingwer oder Kardamompulver statt Zimtpulver gibt der Suppe eine exotische Note.

ZWISCHENMAHLZEIT

1 Banane, 0,25 €

ABENDESSEN

€ 1,75 € | 15 Minuten

Chicorée mit Kräuterbutter

4 Chicoréestauden
1 Orange
1 EL Halbfettbutter
3 EL italienische TK-Kräuter
Salz, Pfeffer
1 Scheibe Vollkornbrot
1 gestrichener EL leichter Brotaufstrich mit Joghurt (15 % Fett)

1. Chicoréestauden waschen, putzen und längs halbieren. Orange schälen und filetieren, den Saft dabei auffangen.
2. Die Halbfettbutter in einer Pfanne schmelzen, die Kräuter einrühren. Chicorée zugeben, wenden, Orangensaft und -filets zufügen, salzen und pfeffern und die Gemüsemischung zugedeckt bei mittlerer Hitze 10 Minuten dünsten.
3. Die Brotscheibe mit dem Brotaufstrich bestreichen, zum Gemüse essen.

→ **100 kcal zusätzlich:** 1 Scheibe Vollkornbrot mit 1 EL leichtem Brotaufstrich mit Joghurt (15 % Fett) bestreichen, 0,45 €

Krisenmanagement für Naschkatzen

0 kcal
Naschereien zum Nulltarif: 1 Kräuter-, Pfefferminz oder Fruchtbonbon mit Zuckeraustauschstoff, 1 Bund Radieschen, 150 g Salatgurke, 1 großes Glas Eistee aus schwarzem Tee, Zitronensaft und evtl. Süßstoff, 1 Glas Cola/Limonade light oder 1 Espresso mit Süßstoff.

25 kcal
Manchmal tut's schon ein Stück Schokolade, das Sie sich genüsslich auf der Zunge zergehen lassen dürfen. Ebenfalls in der Rubrik mit 25 Kalorien: 5 Schokolinsen, 1 Täfelchen After Eigth, 4 Gummibärchen, 1 kleine Kugel Fruchteis (30 g), 5 Salzstangen oder 1 Espresso mit 2 Stücken Zucker.

50 kcal
Auch noch keine argen Kalorienbomben: 1 Mini-Milk-Eis, 1 Capri-Orangeneis, 1 Ecke Toblerone, 1 Ferrero-Küsschen, 1 Weinbrandkirsche, 1 Toffifee, 1 Dominostein, 1 EL gesalzene Erdnüsse, 1 Cappuccino classico, 1 Erdbeer-Limes oder 1 kleine Flasche Tonicwater (200 ml).

75 kcal
Hierfür sollten Sie schon eine Zwischenmahlzeit ausfallen lassen: 50 g Milch-Softeis, 75 g Fruchteis, 1 Riegel Schokolade mit Milchcremefüllung, 1 Rumkugel, 1 Rocher-Praline, 1 alkoholfreies Bier (250 ml), 1 Glas trockener Sekt (100 ml) oder 1 Glas Sekt mit Orangensaft (100 ml).

Süßes, salzige Knabbereien, ein Glas Wein oder ein Cappuccino, manchmal geht's nicht ohne. Lassen Sie dafür ein bis zwei Zwischenmahlzeiten (je 100 kcal) ausfallen, so kommen Sie auch mit diesen „kleinen Sünden" gut durch Ihre Mini-Max-Diät.

100 kcal

Statt einer Zwischenmahlzeit zum Sattwerden 1 geschnittene Paprikaschote knabbern und aus folgenden Vorschlägen wählen: 1 Riegel Balisto, 1 Riegel Kitkat, 1 Tütchen M+M's Choco, 10 Kartoffelchips, 1 Glas Champagner (100 ml), 1 kleines helles Bier (250 ml), 1 Pils (250 ml) oder 1 Daiquiri (100 ml).

150 kcal

Für diese Sonderration sollten Sie eine Zwischenmahlzeit ausfallen lassen und die zweite etwas abspecken (Fett, Wurst etc. weglassen): 1 Stück Hefegebäck mit Zuckerguss, 1 Stück Pflaumenkuchen, 1 Rosinenschnecke, 25 g Erdnussflips, 1 Radler/ Alsterwasser (500 ml) oder 1 Glas Gin Tonic (200 ml).

200 kcal

Zwei Zwischenmahlzeiten wert sind: 1 Berliner Krapfen, 1 Stück Napfkuchen, 1 Stück Käse-Sahne-Torte, 50 g japanisches Reis-Knabbergebäck, 1 Caipirinha (150 ml), 250 ml Alcopops (Mixgetränk), 1 Pikkolo (200 ml), 1 Glas Weißbier (500 ml) oder 2 Gläser trockener Weiß- oder Rotwein (je 150 ml).

250–300 kcal

Und hierfür können Sie getrost ein Abendessen streichen: 1 Stück Obstkuchen mit Mürbeteig- und Biskuitboden, 1 Stück klassischer Käsekuchen, 1 Windbeutel mit Schlagsahne, 1 Magnum Joghurt fresh, 1 Magnum classic (280 kcal!!), 1 Cornetto Haselnuss, 3 Kartoffelpuffer oder 1 Crêpe Suzette.

Fit und schlank mit dem Mini-Max-Workout

Pushen Sie Ihre Diät mit 10 Minuten Training täglich. Denn das bringt nicht nur den Stoffwechsel in Schwung, sondern strafft auch das Gewebe und hält die Seele im Gleichgewicht.

Kommen Sie in Schwung!

Werden Sie aktiv! Schon ein tägliches 10-Minuten-Workout kurbelt Ihren Energieverbrauch an, bremst den Muskelschwund beim Abnehmen und fördert die Fettverbrennung. Die Blutfettwerte werden sich verbessern, Herz, Lunge und Abwehrsystem werden gekräftigt. Und: Das Mini-Max-Workout hilft Ihnen beim Zeitsparen, denn jede Übungseinheit dauert nur 10 Minuten.

Wenn's ein bisschen mehr sein darf

Wer zu viel Gewicht auf die Waage bringt, sollte verstärkt auch auf Ausdauersportarten wie Schwimmen, Radfahren, Walken oder Inlineskaten setzen. Dafür müssen Sie jedoch mindestens 30 Minuten Training einplanen, idealerweise zweimal pro Woche. Bei den Ausdauersportarten kommt es auf ein moderates Training an, damit die Fettverbrennung optimal angekurbelt wird. Also: nicht abhetzen bei Walking & Co., sondern so trainieren, dass Sie sich dabei noch gut unterhalten können!

Sport verleiht Flügel!

Regelmäßiges Training ist Doping für die Seele. Sie fühlen sich ausgeruht und energiegeladen. Ihre Stimmung steigt, denn Ihr Körper schüttet nach einem intensiven Workout Glückshormone (Endorphine) aus. Auf Dauer hilft regelmäßiges Training sogar, Stress, Ängste und Depressionen abzubauen.

Das Mini-Max-Workout

Wählen Sie täglich eine Workout-Einheit aus dem folgenden Programm aus, am besten abwechselnd für Bauch, Busen, Beine und Po. Kopieren Sie sich die Übungen und hängen Sie sie gut sichtbar auf. Ideal zum Trainieren sind bequeme Kleidung und rutschfeste Schuhe. Für die Bodenübungen eine rutschfeste Matte unterlegen.

Eine Investition wert: hochwertige Trainingsschuhe, die Haltungsfehler korrigieren und das Gewicht abfedern.

Übungsprogramm nach dem Mini-Max-Prinzip

AUFWÄRMEN UND COOLDOWN

5 Minuten

Vor und nach den Übungen sollten Sie Ihre Muskeln, Bänder und Sehnen dehnen und aufwärmen, damit sie schön geschmeidig sind. Die Übungen konzentriert und langsam durchführen. Die Muskeln dabei nicht überdehnen, die Übungen sollen keine Schmerzen verursachen!

1. WADEN Einen großen Ausfallschritt machen, linkes Bein nach vorne. Den Oberkörper mit geradem Rücken leicht nach vorne beugen, die Hände auf dem Oberschenkel abstützen. Die Ferse des rechten Fußes fest in den Boden drücken und den Körper langsam nach vorne schieben, bis eine Dehnung spürbar ist. 20 bis 30 Sekunden halten, dann die Seite wechseln.

2. OBERSCHENKELVORDERSEITE Stellen Sie sich gerade hin, die Beine hüftbreit geöffnet. Rechtes Bein nach hinten anwinkeln, den Fuß mit der rechten Hand am Knöchel umfassen und die Ferse zum Po ziehen. Die Spannung 20 bis 30 Sekunden halten, dann Fuß abstellen und die Übung mit dem linken Bein durchführen.

3. BEINRÜCKSEITE Beine grätschen, Oberkörper mit geradem Rücken leicht nach vorne beugen, Hände auf die Oberschenkel stützen. Pomuskeln anspannen, rechtes Knie leicht anwinkeln, das linke bleibt gestreckt, die Zehenspitzen zeigen zur Decke. Den Po so weit es geht nach hinten rechts ziehen, das Becken bleibt gerade. Die Spannung 20 bis 30 Sekunden halten, dann die Seite wechseln.

TRAININGSTIPP: Bei schönem Wetter einfach zum Aufwärmen 20 Minuten zusätzlich investieren und vor den Übungen eine Runde im Park joggen oder walken!

FÜR EINEN STRAFFEN BAUCH

10 Minuten

Legen Sie sich eine isolierende Matte oder eine dicke Decke unter, um Ihren Rücken bei diesen Bodenübungen zu entlasten. Die Übungen langsam und konzentriert durchführen, in zwei bis drei Sätzen jeweils achtmal wiederholen. Auf die Atmung achten! Beim Anspannen der Muskeln ausatmen, beim Entspannen einatmen.

1. GERADER BAUCHMUSKEL Auf den Rücken legen, die Hände unterm Nacken falten. Beine anwinkeln, Fersen auf den Boden aufsetzen, Zehenspitzen anheben. Bauchmuskeln anspannen, den Oberkörper langsam Wirbel für Wirbel so weit wie möglich vom Boden anheben. Nacken und Rücken bilden eine gerade Linie, die Ellenbogen zeigen zu den Seiten. Die Spannung kurz halten, dann den Oberkörper langsam wieder abrollen.

2. SEITLICHE BAUCHMUSKELN Gerade auf den Boden legen, Beine anwinkeln. Linken Fuß auf das rechte Knie legen, die Hände hinter den Kopf. Bauchmuskeln anspannen, langsam die rechte Schulter in Richtung des linken Knies heben, die Ellenbogen bleiben dabei außen. Die Spannung kurz halten, die Schulter langsam senken. Achtmal wiederholen, dann die Seite wechseln.

3. UNTERER BAUCHBEREICH Auf den Boden legen, Arme seitlich ausstrecken. Beine mit leicht angewinkelten Knien zur Decke strecken. Bauchmuskeln anspannen, ohne Schwung das Becken einige Zentimeter vom Boden heben. Spannung halten, dann langsam wieder absenken.

Übungen für Beine, Po und Busen

BEIN- UND POTRAINING

10 Minuten

Regelmäßiges Bein- und Potraining sorgt für straffere Haut und weniger Cellulite. Wollen Sie Ihren Beinen zusätzlich etwas Gutes tun, gönnen Sie sich regelmäßiges Walking oder joggen Sie. Führen Sie die folgenden Übungen in zwei bis drei Sätzen zu je acht Wiederholungen durch.

1

1. OBERSCHENKELVORDERSEITE

Setzen Sie sich auf den Boden, Beine anwinkeln, Füße aufstellen, der Rücken bleibt gerade. Mit den Armen hinter dem Rücken abstützen, Fingerspitzen zeigen zum Po. Zehenspitzen nach oben ziehen, langsam abwechselnd ein Bein nach vorne oben ausstrecken, das andere Bein angewinkelt vom Boden heben, bis beide Knie auf gleicher Höhe sind. Beine abwechselnd nach oben strecken, ohne die Füße dabei abzusetzen.

2a

2b

2a. OBERSCHENKELRÜCKSEITE

Legen Sie sich auf den Bauch, die Hände unter dem Kopf. Stellen Sie die Fußspitzen auf und spannen Sie Ihre Oberschenkel- und Pomuskulatur an. Winkeln Sie den linken Unterschenkel langsam bis zum rechten Winkel an, langsam wieder absenken.

2b. PO Lassen Sie das linke Bein langsam in fließenden Bewegungen wieder sinken und strecken Sie es gerade aus. Dann langsam gestreckt anheben und senken, ohne den Fuß auf dem Boden abzusetzen. Die Übung achtmal wiederholen, dann die Seite wechseln.

TRAININGSTIPP: Die Knie bei diesen Übungen nie ganz durchstrecken, sondern leicht angewinkelt lassen, das schont Ihre Gelenke. Und nicht vergessen: bei Anspannung ausatmen, bei Entspannung tief einatmen!

ÜBUNGEN FÜR DEN BUSEN

10 Minuten

Eine gute Brustmuskulatur stützt das Bindegewebe und hält den Busen wie ein natürlicher BH. Führen Sie alle Übungen mit stabilem Oberkörper und leicht angewinkelten Ellenbogen durch. Trainieren Sie langsam und konzentriert. Jede Übung in zwei Sets mit 16 Wiederholungen durchführen.

1. HEBELÜBUNG Aufrecht mit geradem Rücken hinstellen, Beine leicht grätschen, Knie locker anwinkeln. Bauch- und Pomuskulatur anspannen, das Becken nach vorne schieben. Arme hinter den Rücken strecken, Hände ineinander legen. Die Arme langsam heben und senken, ohne den Oberkörper zu bewegen. Nach dem ersten Set Hände wechseln, untere Hand nach oben und umgekehrt.

2. KNIE-LIEGESTÜTZ Hände und Knie auf die Matte stützen, Rücken und Nacken in gerader Linie halten. Die Arme strecken, die Ellenbogen zeigen nach außen, die Finger zeigen leicht nach innen. Die Arme langsam beugen, bis die Brust fast den Boden berührt. Kurz halten, dann langsam wieder nach oben stemmen.

3. BRÜCKE Auf den Boden setzen und beide Hände in Schulterbreite hinter dem Rücken absetzen. Die Fingerspitzen zeigen zum Körper. Die Füße hüftbreit aufstellen. Die Arme langsam leicht strecken, so dass sich der Po vom Boden hebt. Die Spannung einige Sekunden halten, dann langsam in die Ausgangsstellung zurückgehen, ohne den Po ganz abzusetzen.

Tipps und Adressen

Bücher, die weiterhelfen

Bücher aus dem Gräfe und Unzer Verlag

➜ Elmadfa, I. et al.: **Die große GU Nährwert Kalorien Tabelle** 2004/2005
➜ Häberlein, Sabine und Rüdiger, Margit: **Bauch, Beine, Po**
➜ Winkler, Nina: **Bauch, Beine, Po – intensiv**
➜ Tschirner, Thorsten: **8 Minuten sind genug!**
➜ Prof. Dr. Hamm, Michael, Bohlmann, Friedrich: **Die Ideal-Diät**
➜ Grillparzer, Marion und Kittler, Martina: **Fatburner – Das Ernährungsprogramm**

Mehr vom Autor

➜ Karin Iden: **Das neue Kochbuch durchs Jahr;** Stiftung Warentest, Berlin
➜ Karin Iden: **Wok macht schlank;** Knaur Ratgeber Verlage, München
➜ Karin Iden: **Aufläufe machen schlank;** Knaur Ratgeber Verlage, München

Weitere Tipps

Stiftung-Warentest, Test-Spezial: Schlank und fit; 90 Diäten für Sie bewertet. Mit vielen hilfreichen Adressen im Anhang des Heftes.

Elektronisches Ernährungstagebuch

Der Nährwerttaschenrechner Mealus kennt Nährwerte und Kaloriengehalte von mehr als 4100 Lebensmitteln und dient als Ernährungstagebuch für bis zu einen Monat. Bezugsquelle: Mealus, Pfefferminz Agentur GmbH, Mittelweg 89, 20149 Hamburg, www.mealus.de

Hilfreiche Adressen im Internet von A–Z

www.adipositas-gesellschaft.de
www.aid.de
www.anad.de
www.aventis.de
www.cinderella-rat-bei-essstoerungen.de
www.dge.de
www.ernaehrungsmed.de
www.formmed.de
www.gesundheit.de
www.stiftung-warentest.de
www.ugb.de/abnehmen
www.verbraucherministerium.de
www.vitaspur.de
www.was-wir-essen.de

Die Autorin

Karin Iden
ist Foodjournalistin und Kochbuchautorin. Neben den rund 60 Kochbüchern erschienen von ihr zahlreiche Artikel zum Thema Essen und Genießen sowie Restaurantkritiken. Als diplomierte Diätassistentin und eine der ersten Food-Stylistinnen Deutschlands legt sie besonderen Wert auf ernährungsphysiologisch ausgewogene und visuell ansprechende Rezeptkreationen, die zum Kochen einladen. Sie ist Mitglied des Food Editors Club von Deutschland.

Rezeptregister

Apfel-Buttermilch-Drink 24
Apfel-Möhren-Müsli 68
Apfel-Pfirsich-Salat mit Rosinen 56

Baguettebrötchen mit Schinken und Apfel 41
Brokkoli-Kartoffel-Auflauf 56
Buttermilch mit Kräutern 29
Buttermilch-Tomaten-Drink 20

Chicorée mit Kräuterbutter 69
Chicorée-Grapefruit-Salat 58

Ei-Brote mit Schnittlauch 63
Erdbeer-Flocken-Müsli 46

Farmersalat 68
Fitness-Knäckebrot 59
Frischkäsebrot mit Kräutern und Paprika 21
Frischkäse-Paprika-Brötchen 58
Fruchtiger Frischkäse 22

Garnelensalat mit Gurke und Radieschen 27
Gefüllte Paprikaschote 61
Gemüse mit Frischkäsedip 28
Gemüsecremesuppe 47
Gemüsecurry 64
Gemüse-Kartoffel-Tortilla 38
Gemüsesalat mit Krabben 65
Gewürzter Frischkäse mit Schnittlauch 49
Grüntee-Molke-Drink 48

Haferflocken-Müsli 30
Hähnchenbrust mit Rahmspinatsauce 62
Heidelbeerjoghurt 46
Hühnersuppentopf mit Petersilie 57

Kabeljaufilet auf Fenchel 66
Kabeljaufilet auf Lauchgemüse 48
Kartoffel-Kürbis-Suppe 68
Kartoffelsuppe mit Romanasalat 20
Käsebrot 49
Käsegemüse 51
Kerniges Frühstück 48
Knäckebrot mit Fruchtquark 60
Knäckebrot mit Joghurt-Aufstrich 44
Knäckebrot mit Leberwurst 38
Knäckebrot und Kräutermolke 56
Knäckebrote mit Geflügelmortadella 24
Knäckebrote, süß und pikant 66
Kräuter- und Marmeladenbrote 32
Kräuterbrot mit Gurke 64
Kräuterfrischkäsebrot mit Radieschen 26
Kräuter-Vollkornbrot 62
Kürbiscremesuppe mit Tomaten 23
Kürbisreis mit Frühlingszwiebel 60

Leberwurst-Schnittlauch-Knäckebrote 42

Mandarinendessert 47
Möhren-Apfel-Salat 40
Müsli mit Mandeln und Zimt 62

Nudeln mit Buttergemüse 30
Nudeln mit Spinatpesto 40

Orientalischer Linseneintopf 46

Paprika-Schinken-Pfanne mit Reis 24
Pellkartoffeln mit Kräuterfrischkäse 28
Pikantes Brot und Schinken-Lauch-Salat 43
Putenstreifen mit Brokkoli 58

Reiseintopf mit Huhn 39
Reissalat mit Tunfisch 31
Rindersteak mit Kräutermöhren 22
Roastbeefbrot und Farmersalat 67
Roggenbrötchen mit Fruchtaufstrich 28
Roggenbrötchen mit Gewürzgurken-Tatar 44
Rotkohl mit Bratwurst und Kartoffelpüree 42
Rührei-Tomaten-Brot 50

Salat mit Buttermilch-Sprossen-Dressing 25
Schinkenknäckebrot mit Dillquark 66
Schinken-Lauch-Salat mit Gurke und Tomaten 32
Schinkennudeln mit Tomatensauce 26
Schollenröllchen auf Tomatenragout 32
Spinat-Crostini 33
Steakstreifen in Majoransahne 50
Szegediner Gulasch 44

Tomatensalat 26

Vanille-Joghurt mit Pfirsich 31
Vollkornbrot mit Eismeergarnelen 29
Vollkornbrot mit Frischkäse und Orange 20
Vollkornbrot mit Geflügelmortadella 40
Vollkornbrot mit Lachsschinken 45
Vollkornbrot mit Leberwurst 22
Vollkornbrot mit Parmaschinken 60
Vollkornbrot mit Schinken-Lauch-Salat 38
Vollkornzwieback mit Fruchtaufstrich 45

Zucchinisalat 50

Impressum

Programmleitung:
Ulrich Ehrlenspiel
Redaktion:
Ina Raki
Lektorat:
Petra Casparek, München
Bildredaktion:
Henrike Schechter
Layout, Satz und Gestaltung:
Cordula Schaaf, München
Umschlaggestaltung:
independent Medien-Design, Ngoc Le-Tümmers
Herstellung: Susanne Mühldorfer
Repro: Fotolito Longo, Bozen
Druck: Appl, Wemding
Bindung: Oldenburg Buchmanufaktur, Monheim

ISBN 3-7742-6969-6

1. Auflage	4	3	2	1
Jahr	08	07	06	05

GRÄFE UND UNZER

Ein Unternehmen der
GANSKE VERLAGSGRUPPE

BILDNACHWEIS

Fotoproduktion Rezepte: Studio L'EVEQUE Harry Bischof (Foodfotografie), Tanja Major (Styling) Seite 20, 23, 24, 27, 29, 30, 33, 38, 41, 42, 45, 46, 49, 50, 58, 61, 62, 65, 66, 69
Weitere Fotos
GU: M. Brauner: 2, 3, 12, 18, 36, 54, 57; A. Hörnisch: 5; M. Jahreiß: 5 N. Olonetzky: 5, 6, 11, 13, 14, 73 J. Rickers: 3, 72; T. Roch: 7, 74, 75, 76, 77; J. Rynio: 2, 4; R. Schmitz: 5
Christian Teubner: 10, 16, 19, 37, 55, 52 (Bild 3), 53 (Bild 1, 3, 4)
Gettyimages: 9, 15; **Jalag:** 34 (Bild 1, 2), 70 (Bild 3); **Jump:** 52 (Bild 4); **Mauritius:** 8, 17, 35 (Bild 3), 70 (Bild 1); **Picture Press:** 52 (Bild 1); **Stockfood:** 34 (Bild 3, 4), 35 (1, 2, 4), 52 (Bild 2), 70 (Bild 2, 4), 71; **Zefa:** 53 (Bild 2)

Wichtiger Hinweis
Alle Ratschläge und Anregungen in diesem Buch wurden von der Autorin sorgfältig recherchiert und haben sich in der Praxis bewährt. Dennoch sind alle Leserinnen und Leser aufgefordert, in eigener Verantwortung zu entscheiden, ob und inwieweit sie diese Vorschläge umsetzen können und möchten. Weder Autorin noch Verlag können für eventuelle Nachteile oder Schäden, die aus den im Buch gegebenen Hinweisen resultieren, eine Haftung übernehmen.

DAS ORIGINAL · MIT GARANTIE · GU

Das Original mit Garantie

Ihre Meinung ist uns wichtig.
Deshalb möchten wir Ihre Kritik, gern aber auch Ihr Lob erfahren. Um als führender Ratgeberverlag für Sie noch besser zu werden. Darum: Schreiben Sie uns! Wir freuen uns auf Ihre Post und wünschen Ihnen viel Spaß mit Ihrem GU-Ratgeber.

Unsere Garantie:
Sollte ein GU-Ratgeber einmal einen Fehler enthalten, schicken Sie uns das Buch mit einem kleinen Hinweis und der Quittung innerhalb von sechs Monaten nach dem Kauf zurück. Wir tauschen Ihnen den GU-Ratgeber gegen einen anderen zum gleichen oder ähnlichen Thema um.

Gräfe und Unzer Verlag
Redaktion
Körper & Seele
Postfach 86 03 25
81630 München
Fax: 0 89/4 19 81-1 13

E-Mail: leserservice@graefe-und-unzer.de